Paris
1826

Bergé

L'Officier de l'Etat-Civil doit-il être un prêtre

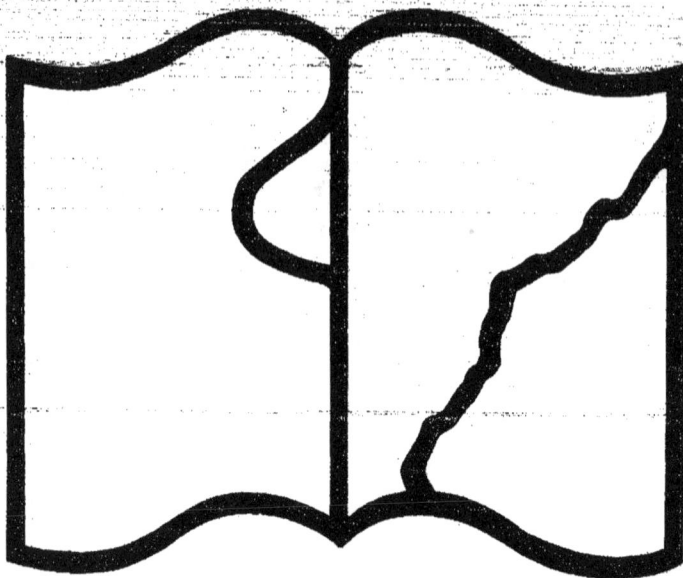

**Symbole applicable
pour tout, ou partie
des documents microfilmés**

Texte détérioré — reliure défectueuse

NF Z 43-120-11

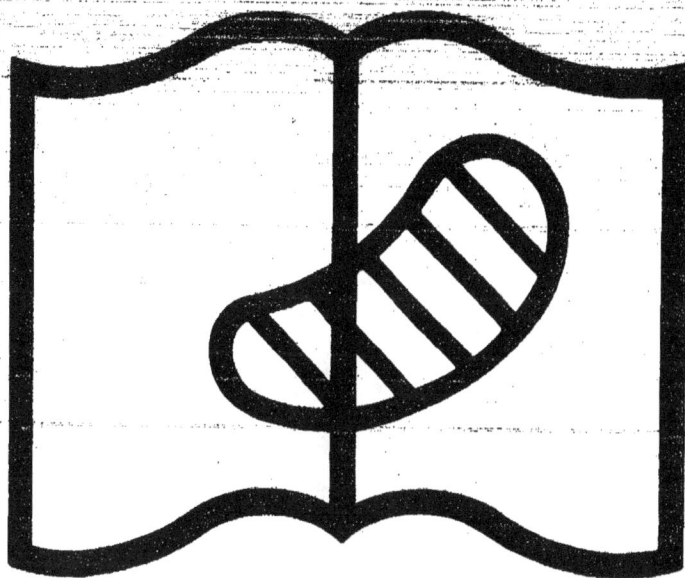

Symbole applicable
pour tout, ou partie
des documents microfilmés

Original illisible

NF Z 43-120-10

$L_f \frac{130}{6}$

L'OFFICIER

DE

L'ÉTAT CIVIL

DOIT-IL ÊTRE UN PRÊTRE?

IMPRIMERIE ET FONDERIE DE J. PINARD,
RUE D'ANJOU-DAUPHINE, N. 8, A PARIS.

L'OFFICIER

DE

L'ÉTAT CIVIL

DOIT-IL ÊTRE UN PRÊTRE?

PAR M. BERGÉ, AVOCAT.

PARIS,

Chez L'AUTEUR, rue des Vieux-Augustins, n° 14;
BOSSANGE Frères, rue de Seine, n° 10;
MONGIE, boulevard des Italiens, n° 10;
ET CHEZ LES MARCHANDS DE NOUVEAUTÉS.

DÉCEMBRE 1826.

PRÉFACE.

Est-ce bien une préface que je vais faire, moi qui toujours ai vu dans ce préambule un moyen usé de se louer soi-même, et aurais-je oublié la maxime de Pascal, que le moi est haïssable? Oui, si l'on s'arrête à l'apparence; non, si l'on pénètre jusqu'au fond.

Je fais d'abord ma profession de foi, pour qu'on ne puisse pas suspecter mes intentions. Je suis catholique et attaché à ma religion; j'en adopte tous les dogmes: je crois l'Église infaillible dans ses décisions à cet égard; mais je refuse au pape ce privilége; en un mot, je suis aussi gallican: je rejette donc le système de M. le comte de Maistre et de M. l'abbé de la Mennais. Je ne veux pas non plus, comme Bossuet, quelque vénération que j'aie d'ailleurs pour ce grand homme, que le glaive de Constantin s'unisse à celui de Pierre; les apôtres et leurs chefs se contentèrent d'une puissance purement spiri-

1

tuelle, instruits par le Sauveur du monde, qui,
pour réprimer le zèle inconsidéré de deux d'entre eux, disposés à faire descendre le feu du ciel
sur des villes corrompues, et nommés pour
cela même enfans du tonnerre, leur dit qu'ils
ne savaient pas à quel esprit ils étaient appelés.

Les Chambres vont s'assembler : probablement qu'on leur soumettra un projet de loi sur
la matière que je traite ici. Voilà déjà plusieurs
sessions où on leur adresse des pétitions pour
obtenir la remise au clergé des registres de l'état
civil. Je crois qu'il importe aux catholiques, aussi
bien qu'aux non-catholiques, qu'une telle pré-
tention ne réussisse pas. Les refus de sacremens
troublèrent les dernières années du règne de
Louis XIV, et une grande partie de celui de
Louis XV. On les verrait se renouveler d'autant
plus aisément que nous n'avons pas, comme
alors, des cours souveraines pour arrêter ces
entreprises, puisque, par le nouveau concordat,
le Conseil d'état est seul investi des appels comme
d'abus. On sait que, dans la révolution, plusieurs personnes se sont mariées, les unes
sans se présenter à aucun prêtre, les autres en
se présentant aux seuls prêtres qui pussent alors
exercer, c'est-à-dire, à ceux qui avaient prêté

serment à la constitution civile du clergé : quelque blâmable que pût être cette loi, les citoyens s'y soumettaient de bonne foi; ils n'étaient pas faits pour la juger, mais pour lui obéir : ils étaient dans le même cas que plusieurs saints, qui ont suivi l'obédience des anti-papes, parce qu'ils les regardaient comme des papes légitimes; ils ont pu manquer de lumières pour s'éclaircir de leurs doutes, mais jamais l'erreur involontaire n'a été criminelle. Cependant, quoiqu'ils eussent vécu dans le catholicisme, des curés se sont permis de leur refuser la sépulture ecclésiastique quand ils n'ont pas fait bénir de nouveau leur mariage après le rétablissement de la religion, soit qu'ils ne l'aient pas voulu, soit même qu'ils ne l'aient pas pu, faute du consentement de leur conjoint.

En prouvant, par les conciles et par les saints pères, que la bénédiction nuptiale n'est qu'un pieux usage, qui ne confère pas même le sacrement, loin d'être d'aucun effet sur le contrat, et que le sacrement existe sans la présence à l'église ni l'intervention d'aucun prêtre, pourvu seulement que le contrat se forme entre chrétiens, je taris pour l'avenir une source de discorde; les ministres de nos autels seront plus tolérants puisqu'ils verront que leur zèle a été d'autant plus excessif que, dans l'antiquité, ces mariages ont été à l'abri de la censure ; ou, s'ils persistent à s'élever contre eux avec la même amertume, du moins les fidèles ne seront plus aussi fortement tentés, pour se délivrer de leurs persécutions, de recourir aux chefs des autres communions, comme ces derniers temps en fournissent de nombreux et déplorables exemples. Un tel résultat de ma doctrine mérite bien qu'on me pardonne mes citations d'autorités ; la gravité du sujet ne me permettait pas de m'en tenir à mes seules forces ; j'aurais succombé sous le fardeau, et n'aurais pas même eu, en tombant, la consolation d'espérer que mes peines ne seraient pas tout-à-fait inutiles.

L'OFFICIER

DE

L'ÉTAT CIVIL.

DOIT-IL ÊTRE UN PRÊTRE?

———

Depuis la révolution, on n'avait pas vu encore se présenter une question aussi importante que celle-ci, qui paraît devoir bientôt s'agiter, et qui se divise en trois branches, l'une quant à la validité du contrat, s'il s'agit de mariage; l'autre quant à l'existence du sacrement; enfin la troisième quant au point de savoir qui de l'Église ou du prince peut créer des empêchemens dominans. Elle touche aux objets les plus relevés; elle intéresse les consciences, puisqu'il s'agit de savoir si l'on chargera les prêtres, comme autrefois, de tenir les registres de l'état civil, et conséquemment si ce seront eux qui formeront le mariage, comme ils constateront les naissances et décès.

Les non catholiques, de toute secte, s'en alarment; ils croient voir, dans l'adoption de ce système, l'abrogation tacite de l'un des articles fondamentaux de la Charte, la liberté des cultes.

Voyons si, en effet, il entraînerait d'aussi funestes résultats, et si, d'un autre côté, le mode actuel de se marier est scandaleux et contraire aux vrais principes, comme on l'a prétendu naguère à la tribune nationale.

Nous remarquerons d'abord qu'on s'y est élevé contre lui, dans la séance du 24 avril 1824, avec une véhémence extraordinaire. Un M. Deloncle, de Bordeaux, avait demandé que la célébration du mariage à l'église précédât celle qui se faisait devant l'officier civil; que dit sur cela le rapporteur? Le voici, en propres termes :

« Cette question est d'un grand intérêt, et digne des méditations du législateur, mais la législation actuelle ne peut être changée que par une loi; et, attendu que la chambre n'a pas l'initiative, la commission propose l'ordre du jour. »

C'est donc uniquement afin de ne pas empiéter sur la prérogative royale, que la commission a proposé l'ordre du jour; elle n'en a pas moins fait pressentir quelle serait sa décision, si un projet de loi lui était soumis à cet égard, dans la forme régulière, et par l'autorité compétente.

Et, afin qu'il ne restât sur cela aucun doute, un député (M. le comte de Blangy) s'est écrié : «Sans doute l'initiative n'appartient pas à la Chambre, mais il lui est permis de manifester l'espoir qu'on fera cesser enfin le scandale qui existe dans la législation relative à la célébration du mariage, et qu'on nous ramènera au bon ordre et à la vérité.» Il a demandé, en conséquence, le renvoi de la pétition au ministre de l'intérieur, et une foule de voix ont appuyé.

Ensuite s'est avancé M. Reboul, qui a dit : «L'objet de cette pétition intéresse la religion, la morale, la société tout entière. La Chambre doit, dans cette occasion, manifester hautement le désir qu'une loi sage détruise une législation qui est une erreur de la révolution, et qui a vicié le mariage, principe fondamental de la société.

Il y avait là assez de véhémence, ce semble : cette motion a encore été appuyée par la majorité; puis reproduite par M. de Berbis, qui, sans doute, y a trouvé de la faiblesse, puisqu'il l'a développée avec une nouvelle chaleur. Il ne s'est pas même borné à dire, comme ses collègues, que la Chambre était scandalisée, depuis très long temps, de la manière dont le mariage se célèbre; il en a appelé au vœu général de la France, ajoutant que tout exige la réformation do la législation actuelle sur ce point. Il est vrai qu'il n'a été aussi loin, et prétendu exprimer les désirs de tous les Français, que lorsqu'il s'est vu soutenu par les membres du côté droit; il ne dissimule pas que le renvoi de la pétition au ministre préjuge l'intention de la Chambre. Voici son langage, ses paroles sont trop importantes pour se borner à en faire une froide analyse :

« La Chambre a le droit de renvoyer une pétition au ministre, et d'émettre ainsi son vœu et son intention. Or il y a très long-temps que nous sommes scandalisés de voir la manière dont le mariage est célébré, c'est-à-dire de voir la célébration devant l'officier civil précéder celle devant l'Église. Je crois exprimer ici le sentiment général de la Chambre. »

A cette interpellation elle répond affirmativement; et c'est alors qu'il ajoute : « Je puis même dire que c'est le vœu général de la France, et que tout exige que la législation actuelle soit réformée. »

Il faut l'avouer, ces expressions annoncent beaucoup de piété, elles concordent avec la conduite politique de ceux qui les ont proférées, et qui, ayant toujours vécu éloignés des affaires, probablement par leur choix, jusqu'à la restauration, n'ont pu tomber dans les excès révolutionnaires.

De ce nombre est encore M. Berthier, qui, à

une époque plus récente, puisque c'est le 8 juillet 1824 jusqu'à la clôture de la session, a reproduit le même système ; il coïncide avec celui de M. l'archevêque de Toulouse sur l'abolition implicite des libertés de l'Église gallicane, consignées dans la déclaration du Clergé de France de 1682 ; et ce rapprochement montre assez le dessein qu'on se propose.

D'un autre côté, M. Méchin et M. Girardin se sont opposés au renvoi, et ont demandé l'ordre du jour. Or, M. Méchin ne se présente pas aussi avantageusement que ses adversaires ; on lui a reproché d'avoir, dans sa vie publique, montré un peu trop d'ardeur pour les doctrines innovatrices de ces affreux conventionnels, qui ont inondé la France de sang et de larmes, quoiqu'il n'ait point cependant partagé leurs forfaits.

Mais, du moins, M. Girardin est à l'abri de reproches, pour les principes comme pour les actions ; il a même eu la gloire d'être le défenseur de son roi, avec M. de Vaublanc, à une époque où il fallait du courage pour ne pas tremper dans le crime de la révolte contre un monarque captif, et sur le point d'être déchu de sa couronne. Avoir parlé dans des temps de trouble d'une manière qui puisse honorer dans des temps de paix, est plus encore, sans doute, que de s'être contenté de garder le silence, et de ne point faire de mal.

Si donc il s'agissait d'apprécier la sagesse de l'opinion par la pureté de la conduite, on pourrait trouver, des deux côtés, une compensation suffisante pour empêcher de prononcer.

Mais comme les gens les plus vicieux peuvent développer des maximes salutaires, et qu'au contraire les hommes les plus respectables peuvent en embrasser de très funestes, faute de lumières assez grandes pour se bien diriger, il faut nécessairement les considérer en elles-mêmes, les adopter si elles sont bonnes, les rejeter si elles sont mauvaises, de quelque part qu'elles viennent, et dire, comme cet ancien : *Tros Rutulusve fuat, nullo discrimine habebo.*

Cela posé, est-ce, ainsi que le prétend M. de Blangy, s'être écarté du bon ordre et de la vérité que d'avoir fait précéder la cérémonie religieuse par le mariage devant l'officier civil? Est-ce, comme l'a pensé M. Reboul, une erreur de la révolution, et qui a vicié le mariage dans sa source.

Il est bien vrai qu'avant elle, les prêtres faisaient le mariage, et que l'Assemblée constituante, qui, avec de bonnes intentions, poussa quelquefois beaucoup trop loin ses vues philantropiques, leur ôta, la première, cette fonction pour la transférer à des laïques, par sa loi du 20 septembre 1792.

Mais il est vrai aussi que la plupart de ses

membres conservaient encore des principes religieux; que même le rapporteur de cette loi
(M. Durand de Maillane) était l'un des plus célèbres canonistes de France, et qu'il réunissait
les vertus à la profondeur du savoir et à la jus-
tesse des idées.

Or, il établit en thèse que le mariage était en
lui-même un contrat civil, qui n'a été que dans
la suite élevé à la dignité de sacrement; que,
quoique les deux fonctions fussent confiées aux
prêtres, c'est-à-dire la fonction de former le contrat civil et celle de le bénir, elles pouvaient en
être séparées, pour ne laisser à ces ministres des
autels que celle qui leur est propre, la bénédiction de l'union conjugale, comme officiers religieux, et tranférer aux chefs laïques des communes le soin de former l'union elle-même,
comme officiers civils : que ce mode était même
le plus convenable, puisqu'il établissait l'unifor-
mité pour les mariages de tous les citoyens,
quelle que fût leur religion.

Cette doctrine, qu'il ne rappela qu'en substance, parce qu'alors tous les esprits étaient
disposés à l'accueillir, était-elle fondée ou non?

§ Ier.

Avant le concile de Trente, la validité du ma-
riage comme contrat était indépendante de
la présence à l'Église et de la bénédiction
nuptiale.

Le mariage a existé chez tous les peuples,
puisqu'il est le seul moyen par lequel ils sub-
sistent : quand ils n'avaient déterminé aucune
forme pour sa validité, il suffisait du consentement des parties qui voulaient s'unir; et chez ce
peuple-roi qui donna ses lois à l'univers, un
jeune homme se bornait, dans ces temps primi-
tifs où les mœurs étaient pures encore, à con-
duire dans sa maison une jeune fille pour passer
sa vie avec elle : *In liberæ mulieris consuetudine,*
lui disait le législateur, *non concubinatus, sed*
nuptiæ intelligendæ sunt (1). « Ne croyez pas
« que votre cohabitation avec une femme libre,
« sans autre cérémonie, soit un honteux con-
cubinage; loin de là, c'est un mariage solen-
« nel. » Ce n'est pas même cette cohabitation qui
est exigée pour le mariage, c'est le consentement
des deux époux; il suffit pour former le lien :

_____

(1) *Leg.* 24, ff. *de Rit. nupt.*

Nuptias non concubitus sed consensus facit (1).

Inutile également de représenter un écrit :
l'affection conjugale, l'honneur qui environnait
l'union, la sympathie des caractères dans l'ensemble de la vie commune, voilà comment le
mariage se prouvait : *An maritalis honor et af-*
fectio pridem præcesserit, personis comparatis,
vitæ conjunctione consideratâ, perpendendum
esse respondi, non enim tabulas facere matri-
monium (2).

Les mœurs étaient assez pures, dans l'origine,
pour garantir que le mariage n'avait pas besoin
d'être environné d'autres formes, et les législa-
teurs se reportaient en idée à ces temps antiques,
quand ils en décrivaient ainsi les usages; on n'y
en avait pas encore substitué de plus compli-
qués, quoique la corruption eût remplacé l'honneur et la vertu.

Si l'on n'exigeait pas d'écrit pour prouver le
mariage, bien moins pouvait-on en exiger pour
le contracter; car il est sensible que, quoiqu'on
puisse se relâcher de certaines formalités, pour
rendre le mariage plus facile, on ne le peut pas
aussi bien de celles qui tendent à démontrer
qu'il a eu lieu.

_____

(1) *Leg.* 30, ff. *de Reg. juris.*
(2) *Leg.* 31, ff. *de Donat.*

L'usage de se contenter du consentement des époux subsista jusque dans les siècles de dépravation complète, et Dioclétien, l'un des plus cruels persécuteurs du christianisme, décida (1) que l'Écriture n'est pas nécessaire pour la preuve du contrat (ni par conséquent pour la confection du contrat; car si celle-ci l'était, il faudrait que celle-là le fût aussi). « Un mariage légale- « ment fait, dit-il, n'est pas annulé pour défaut « de rédaction d'actes qui le concernent; et quand « même il n'y aurait pas d'écrit, les autres in- « dices du mariage n'en sont pas moins valables.» (Il entend par mariage légal, celui qui se fait entre personnes libres, c'est-à-dire non mariées à d'autres, ni de condition servile). *Neque non interpositis instrumentis, jure contractum matrimonium irritum est, cùm omissâ quoque scripturâ, cætera nuptiarum indicia non sint irrita.*

Le mariage entre ceux qui n'avaient pas le bonheur d'être chrétiens, était donc un pur contrat civil, comme reconnu par la loi, quoiqu'il eût sa source dans le droit naturel, qui portait deux individus de sexe différent à se rapprocher et à vivre constamment ensemble, en se comblant d'amitiés et de caresses.

Un siècle après que la croix eût chassé l'aigle,

_____

(1) *L.* 13, *C. de Nupt.*

ces règles étaient encore intactes, et tout pieux que fût Théodose le jeune, il déclara, de concert avec Valentinien, qu'il suffisait du consentement, entre personnes de conditions égales, pour former le mariage, et de la voix publique pour le prouver. *Inter pares honestate personas, nullâ lege impediente consortium, quod ipsorum consensu atque amicorum fide firmatur* (1).

Ces empereurs ne croyaient donc point qu'il fût contraire à leurs devoirs de chrétien de valider les mariages qui n'avaient pas été bénis par l'Église.

Justinien fût le premier qui, séduit par des idées de perfection, voulut (2) qu'à l'avenir, pour se marier légitimement, on fût tenu de se présenter à l'église, et d'y déclarer, devant trois ou quatre ecclésiastiques, que tel mois, tel jour, sous tel consulat, les contractans se prennent pour époux, et qu'il en fût dressé un acte signé de tous, et déposé dans les archives de l'Église.

Ici Justinien a confondu le mariage avec la preuve du mariage, qui pourtant en suppose nécessairement la préexistence. *Si voluerit*, avait-il dans la phrase immédiatement précédente, et en parlant du mari, *legitimè uxori copulari*, et

---

(1) *L.* 22, *C. de Nupt.*
(2) *Nov.* 74, c. 4.

non facere nuptialia documenta, non sic quo-
modocumque et sine cautela et effusè hoc agat;
« s'il a voulu s'unir légitimement à une femme
sans faire d'actes de mariage propres à le prouver (*documenta*), que du moins il ne le fasse
pas sans aucune précaution. (Cette précaution
est celle dont nous avons parlé de déclarer le
mariage à l'église devant les quatre clercs). « Qu'il
« ne soit point censé y avoir de mariage, si l'on
« ne fait quelque chose de semblable, d'où ré-
« sulte *complètement et par écrit*, ajoute-t-il, la
« preuve du mariage. » *Et non uliter videatur*
nuptiali affectu eos convenisse, nisi tale aliquid
agatur, UT OMNINÒ EX LITTERIS causa testimo-
nium habeat.

Mais à ce sujet plusieurs réflexions.

D'abord, si l'empereur exige ces nouvelles
formalités pour la validité du mariage, ce n'est
que lorsqu'il n'y a pas eu d'acte de mariage; un
tel acte aurait donc dispensé de se rendre à
l'église.

Puisqu'il en aurait dispensé, le mariage était
donc valide sans qu'on se rendît à l'église, et sans
qu'on y impartît la bénédiction sacerdotale.

Ensuite, l'empereur permet d'employer d'autres formalités que celles qu'il vient d'introduire,
il se contente qu'elles y aient du rapport.

Enfin, remarquons bien le motif pour lequel
il ne veut plus que le consentement suffise : « les

anciennes lois, dit-il, et même les miennes re-
connaissaient de véritables mariages dans la
simple cohabitation des époux sans acte de célébration, *antiquis promulgatum est legibus*, et
à NOBIS IPSIS SUNT HÆC EADEM CONSTITUTA, *ut
etiam nuptiæ extra dotalia documenta ex solo
affectu* VALEANT *et* RATÆ *sint* : (nous verrons
bientôt la force de ces derniers mots); mais il
en est résulté que des faussaires se sont qualifiés
d'époux et d'épouse devant témoins, sans l'être
en effet.

Ce n'est donc point par des motifs de dévotion
que Justinien a ordonné qu'on se présentât à
l'église pour y déclarer qu'on se mariait, c'est
seulement par des motifs politiques, et pour
éviter qu'on ne s'assure des témoignages faux et
mendiés : il permet même de ne point se présenter à l'église, lorsqu'on a eu soin de rédiger un
acte de célébration du mariage, ou qu'on em-
ploie des moyens équivalens à cette présentation.
Donc cette présence à l'église, et devant le prêtre, n'est pas nécessaire, à ses yeux, pour la
validité du mariage.

Surtout il ne regarde pas comme ministres
du contrat, et le formant, les quatre clercs devant
lesquels il prescrit de se présenter dans les cas
qu'il a prévus; il ne les considère que comme
des témoins, ce sont donc véritablement les
époux qui en sont les ministres, et qui le forment.

2

On dira, peut-être, que si ces quatre clercs ne remplissent que le rôle de témoins, il n'en est pas de même d'un autre fonctionnaire, qui doit aussi être présent, et auquel même la déclaration du mariage doit être faite.

La novelle précitée ajoute, en effet, immédiatement après les paroles que nous venons de rapporter : « qu'il se présente dans une église (le mari futur), qu'il y fasse sa déclaration à celui qui est le défenseur de cette église, et que celui-ci, en présence de trois ou quatre clercs, donne son attestation portant, etc., *veniat ad quamdam orationis domum, et fateatur sanctissimæ illius ecclesiæ defensori. Ille autem adhibens tres aut quatuor exinde clericorum, attestationem conficiat declarantem*, etc. Il explique ce que cette attestation doit contenir, c'est-à-dire, comme nous l'avons vu, le mois, le jour, l'an où ils ont comparu devant lui et se sont unis.

Il paraît donc que celui qui forme le contrat est précisément ce défenseur de l'Eglise, et que les clercs qu'il s'adjoint sont ses témoins.

Ainsi, la question est réduite à savoir si ce défenseur de l'Eglise est un prêtre ou un laïque.

Or, si l'on consulte les monumens de l'antiquité ecclésiastique, on trouvera que le défenseur de l'Eglise était un juge ou un avocat, établi pour veiller aux affaires de l'Eglise; c'est la définition que Calvin donne d'après eux, dans son Lexique juridique, au mot *defensores ecclesiæ*.

Ce n'était donc pas un prêtre, mais purement un laïque, et ainsi, à cette époque même le contrat était formé sans la bénédiction nuptiale; il ne présentait qu'une formalité civile. Justinien, sur ce point essentiel, n'a donc pas dérogé aux anciennes règles.

Eh bien! cette novelle même, déjà si étroitement circonscrite, il ne tarda pas à l'abroger, pour faire revivre la 22ᵉ; c'est ce qu'il fit dans sa novelle 117, c. 4.

Il avait dit dans la 22ᵉ: le consentement réciproque forme le mariage sans qu'il soit besoin d'augment de dot; *nuptias...... affectus alternus facit, dotalium non egens augmento.*

Il dit dans la 117ᵉ, après avoir rappelé les dispositions de la 74ᵉ qu'il abroge : « Nous avions d'abord rendu une loi qui prescrit des actes de mariage, ou d'autres preuves qui opèrent la confirmation du mariage ou au moins l'impartition du sacrement » : *legem protulimus jubentem aut dotalia fieri documenta, aut alias probationes procedere perquas nuptias competat confirmari, aut certè* SACRAMENTA *præberi;* « maintenant nous nous sommes attachés à mieux régler les choses qu'elles ne l'étaient depuis long-temps : »*in præsenti perspeximus melius disponere eaque de his pridem sancita sunt.*

On voit donc qu'il reconnaît plus convenable
de s'en tenir aux anciens principes, et qu'il a eu
tort de les abandonner; or il ne resta pas quatre
ans à y revenir, la nov. 117 étant de 541 et la
nov. 74 de 538.

Il ne laissa subsister cette dernière que pour
les personnes illustrées par leurs dignités ou par
leur naissance; il fallait même, pour être astreint
aux formalités qu'elle détermine, que ces dignités fussent des plus éminentes.

Quant aux autres citoyens, quels que fussent
leur rang ou leurs emplois, il leur permit de
faire dresser, si cela leur plaisait, un acte quelconque de leur mariage; mais il déclara que s'ils
ne voulaient pas de cette formalité, leur mariage
n'en serait pas moins légitime, et prouvé suivant
les anciennes règles, par le seul consentement :
si autem etiam hoc non custodierint, et EX SOLO
AFFECTU *celebratas nuptias firmas esse sancimus,
et ex eis natos legitimos esse filios jubemus.*

Jusqu'ici nous n'avons parlé que du contrat
civil, et nous avons vu qu'il constituait le mariage, même sous les empereurs chrétiens les
plus pieux.

Nous avons vu aussi qu'il arrivait souvent
qu'on se bornait à ce consentement entre futurs
époux, et c'est ce que suppose la loi 22 précitée
des empereurs, Théodose et Valentinien, au
code *de Nuptiis.*

(21)

Mais de ce qu'on ne se présentait pas à l'église, s'ensuit-il que ces mariages fussent privés du sacrement? C'est la 2ᵉ branche de notre question.

§ II.

Avant le concile de Trente, la validité du mariage, même comme sacrement, était indépendante de la présence à l'église et de la bénédiction nuptiale.

En premier lieu, l'affirmative n'est pas vraisemblable, puisque ces mariages étaient permis dans les temps de la plus grande ferveur, et même sous le premier des Constantins, qui fut aussi le premier des empereurs chrétiens; et c'en serait assez, sans doute, pour qu'on ne dût pas pousser l'indiscrétion du zèle jusqu'à les regarder comme scandaleux.

Comment, en effet, y voir rien de contraire au bon ordre et à la vérité, lorsque chez les princes les plus religieux on a moins exigé encore?

Comment y voir une erreur de notre révolution, lorsque les principes qui leur servent de base ont été consacrés tant de siècles avant elle?

Nous avons donc eu raison de dire que l'affirmative n'était pas vraisemblable.

En second lieu, elle n'est pas vraie : nous l'a-

vons déjà fait pressentir, en rappelant le passage
de la nov. 74, où Justinien dit avoir auparavant
établi, à l'instar de ses prédécesseurs, *ut nuptiæ
extra dotalia documenta ex solo affectu* VALEANT
et RATÆ SINT, et en en rapprochant celui de la
nov. 117, abolitive de la précédente, qui voulait
que les mariages se fissent dorénavant ou par
actes réglant la dot, ou par déclaration devant
les défenseurs de l'église : *perquas (probationes)
nuptias competat confirmari, aut certè* SACRA-
MENTA PRÆBERI.

On voit que dans l'esprit de Justinien ces
preuves avaient l'effet de confirmer le mariage,
et que la confirmation du mariage avait celui de
conférer le sacrement, *sacramenta præberi* : il
met le sacrement au pluriel, comme il y a mis
le mariage : il a en vue tous les mariages de ses
sujets nés ou vivant dans la classe ordinaire. Il
a eu tort cependant de dire qu'au moins le sacrement est imparti par la déclaration à l'église,
et dans la forme qu'il a déterminée, dans le cas
même où le mariage ne serait pas confirmé, car
c'est ce que signifie l'adverbe *certè* ajouté à la
conjonction *aut;* nous verrons plus bas que le
sacrement ne peut exister sans le contrat.

En abrogeant la nov. 74, il n'a pas prétendu
diminuer les effets du mariage célébré dans l'ancienne forme, puisqu'il y trouvait contrat civil
et sacrement; *valeant* désignait le premier de ces

caractères, *rata sint* le second , et il le faut nécessairement ainsi , pour conserver l'harmonie
entre les anciens principes , momentanément
suspendus par la nov. 74, et la nov. 117 qui se
borne à les rétablir : autrement il y aurait grande
différence dans les effets , et si Justinien avait
cru que les mariages dans l'ancienne forme
fussent privés du sacrement, il n'aurait pas pensé
qu'il valût mieux la rétablir : *melius disponere*
eaque de his prudem sancita sunt.

Il faut d'ailleurs observer que ce n'était pas
seulement quand on se présentait à l'église , et
devant le défenseur de l'Église, qu'il y avait dans
le mariage contrat civil et sacrement ; c'était
aussi quand on rédigeait les actes constitutifs de
la dot.

Or, dans cette dernière forme , que pouvait-il
y avoir de religieux? Absolument rien; tout était
purement civil.

Il y a plus, et on peut en dire autant de la
première forme; on se rendait à l'église, il est
vrai, mais ce n'était pas pour y recevoir la bénédiction d'un prêtre, ni même pour faire sa
déclaration devant un prêtre; on la faisait simplement à un laïque.

Nous ne voulons pas dire pour cela que le
mariage devint sacrement entre toutes personnes, par le seul fait du consentement, ni
même par la seule volonté du prince. Nous ver-

rons plus bas que ce n'est pas lui qui lui confère cette dignité, mais que néanmoins il peut empêcher le sacrement d'exister, en refusant de valider le mariage comme contrat, quoique sa validité, comme contrat, ne l'élève pas toujours à la dignité de sacrement.

Déjà on s'aperçoit que ce n'est pas la bénédiction sacerdotale qui le rend sacrement; une foule d'autorités vont en convaincre.

Saint Ignace d'Antioche, qui vivait dans les temps apostoliques, puisqu'il fut martyrisé sous Trajan, et qui par conséquent devait être bien nourri de la saine doctrine, parlant du mariage chrétien, indique trois qualités qu'il doit avoir, mais simplement comme convenables; les voici : Qu'il soit fait à l'église, avec la bénédiction de l'église, et suivant le précepte du Seigneur.

Ce dernier membre, *ex domini præcepto*, n'établit point que, pour se marier suivant la volonté du Seigneur, il faille se marier à l'église, et avec la bénédiction de l'église; car alors saint Ignace aurait dit: *Nubat in ecclesia, et benedictione ecclesiæ*; au lieu que cette conjonction n'est pas dans la phrase : ainsi il est probable qu'il veut dire qu'outre ces deux cérémonies, il faut consulter la volonté du Seigneur, ou, comme dit saint Paul, se marier *in domino*.

Or, qu'est-ce que se marier *in domino* ? Faut-il pour cela épouser des fidèles ?

Saint Augustin (1) observe que le texte de saint Paul, *cui vult nubat, tantum in domino,* peut s'entendre de deux manières, *aut christiana permanens, aut christiano nubens; non enim,* ajoute ce saint docteur, *tempore revelati testamenti novi, in Evangelio vel ullis apostolicis litteris sine ambiguitate declaratum esse recolo utrum Dominus prohibuerit fideles infidelibus jungi.*

Et dans le livre *de fid. et operib.,* c. 19, n. 35, il reprend : *quæ (matrimonia cum infidelibus) nostris temporibus* JAM NON PUTANTUR ESSE PECCATA, *quoniam reverà in novo testamento nihil inde præceptum est; et ideò aut* LICERE CREDITUM EST, *aut velut dubium derelitum.*

Voilà donc, en substance, sa doctrine, que nous saisirons beaucoup mieux en réunissant ces deux passages dans la traduction suivante :

« La femme peut, de deux manières, accomplir le précepte de saint Paul de se marier dans le Seigneur, l'une en demeurant chrétienne (cela suppose qu'elle épouse un homme qui n'est pas chrétien, autrement il n'y aurait pas lieu à la question), l'autre en se mariant à un chrétien (ce qui peut avoir lieu, qu'elle soit chrétienne ou qu'elle ne le soit pas, mais semble devoir

---

(1) *Tract. de Conjug. adult.,* l. 1, c. 25, n. 31.

s'entendre dans ce dernier sens, par opposition au cas où elle se marie avec un homme qui n'est pas chrétien). Depuis la révélation du nouveau Testament, je ne trouve décidé clairement dans l'Évangile, ni dans aucune des épîtres des apôtres, si le Seigneur a défendu les mariages des fidèles avec les infidèles; aussi de notre temps on ne les regarde plus comme des péchés (il fait allusion à saint Cyprien, qui les croyait tels); parce qu'en effet on n'ordonne rien à cet égard dans le nouveau Testament : et, en conséquence, on peut croire que de tels mariages sont permis, ou du moins que leur nullité est douteuse. »

De nombreux exemples appuient ce sentiment, celui notamment de sainte Monique, de Théodelinde et de sainte Clotilde, qui ont vérifié la maxime sur laquelle se fondait saint Paul, que la femme fidèle peut sanctifier le mari infidèle.

Par cela seul que ces femmes épousaient des hommes qui n'étaient pas chrétiens, et qui ne changeaient pas d'abord de religion pour embrasser le christianisme, puisque autrement saint Paul n'eût pas parlé de la simple possibilité que l'un des époux convertît l'autre, il est bien évident que leur mariage ne se célébrait pas à l'église. Si elles avaient pensé qu'il en résultât privation du sacrement pour leur mariage, il y a tout lieu de croire qu'elles n'auraient pas voulu se marier, à moins qu'à l'instant même de la célébration leurs époux ne leur promissent de se convertir, et c'est ce qu'aucun de ceux-ci n'a fait que long-temps après son mariage.

D'ailleurs, dans cette hypothèse, saint Augustin, n'aurait pas permis de telles unions; il ne s'en occupait et ne pouvait s'en occuper que sous le rapport du sacrement, les lois civiles ayant déjà, depuis long-temps, réglé ce qui concernait le contrat; il n'y trouvait pas de péché, l'union était donc sanctifiée, le péché seul rompant le lien de la grâce.

Saint Ignace non plus n'aurait pas regardé comme de simple convenance la présentation à l'église, et la bénédiction par elle, s'il eût pensé que l'omission de ces cérémonies privât le mariage du sacrement.

Elles ne constituent donc pas le sacrement; car celui de mariage est tout aussi indispensable que les autres, et de même que les saints qui se sont mariés de la sorte auraient péché mortellement, en s'abstenant des sacremens de pénitence ou d'eucharistie, de même ils auraient péché mortellement, s'ils eussent contracté une union conjugale privée du sacrement.

Cependant nous avons vu que saint Augustin reconnaît que de tels mariages sont exempts de péchés, et que saint Paul les permet expressément; ce que l'un ni l'autre n'aurait fait ni pu faire, si, faute de se présenter à l'église, ils n'eussent été que des mariages charnels.

Au reste, comment croire que ces mariages aient été privés du sacrement? Les effets du sacrement ne sont-ils pas, dans le mariage, d'unir l'ame à Jésus - Christ aussi étroitement que l'homme et la femme s'unissent par contrat, et de produire les grâces d'état qui les sanctifient, et dont le grand apôtre fait le détail (1)?

Puisque c'est donc le sacrement du mariage qui donne aux fidèles bien disposés et persévérant, les grâces nécessaires pour se sanctifier, et que ceux dont nous parlons y ont en effet opéré leur salut, ils ont reçu le sacrement, quoique leur mariage n'ait été ni pu être béni : cette raison est sans réplique.

Mais d'autres viennent la corroborer; elles se tirent du témoignage uniforme de l'antiquité ecclésiastique : *Undè*, s'écria Tertullien (2), *sufficiam ad enarrandam felicitatem ejus matrimonii quod ecclesia conciliat* (voilà le mariage en face d'Église), *et confirmat oblatio* (c'est le sacrifice de la messe, et par conséquent la présence

---

(1) *Gal.* 5, 19, *I. Corinth.* 7, 5; *I. Timoth.* 2, 15; *I. Thess.* 5, 23.

(2) *Ad uxor., l.* 2, *c. ult.*

du prêtre au mariage), *et obsignat benedictio* : la bénédiction est, donc la dernière cérémonie, mais elle ne donne pas le sacrement, ce serait bien plutôt l'oblation qui la conférerait.

Saint Ambroise dit de même : *conjugium velamine et sacerdotali benedictione sanctificari oportet ;* la bénédiction n'est donc pas suffisante ; ces deux cérémonies sont, à la vérité, indiquées comme coopérant à sanctifier le mariage ; mais elles sont si peu nécessaires, que la première, celle de prendre un voile, tirée des anciens usages du paganisme, ne se pratique plus, et elles n'excluent pas, surtout, d'autres manières de sanctifier le mariage, lorsqu'on n'omet pas celles-là par mépris, mais seulement par l'effet des circonstances.

C'est ce mépris qu'avait en vue le pape saint Sirice, lorsqu'il disait (1) : « Les fidèles regardent comme un sacrilége la violation, de façon quelconque, de cette bénédiction que le prêtre donne à la fille qui *doit se marier : Illa benedictio quam* NUPTURÆ *sacerdos imponit, apud fideles cujusdam sacrilegii instar est, si ullá transgressione violetur.* »

Ce passage est décisif, il prouve que la bénédiction était antérieure au mariage, puisqu'elle

---

(1) *Epist. Decret. ad Hymer.*

se donnait à une femme non encore mariée, *nuptæ*, mais qui se proposait seulement de l'être, NUPTURÆ, qui, en un mot, était simplement fiancée.

D'autre part, sa confrontation avec celui de Tertullien, rapporté plus haut, démontre que cette bénédiction était postérieure à la présence dans l'Église et à l'offrande du saint sacrifice; elle terminait toutes les cérémonies, *obsignabat;* elle y mettait le sceau, comme les dernières formalités des lettres particulières et des actes publics sont le cachet et la signature.

Suivant Sirice, c'était les fidèles qui, dans la ferveur de leur zèle, regardaient comme un sacrilége de violer cette formalité; il ne dit pas que ce fût l'église, ni par conséquent que ce point fût décidé; il n'explique pas même ce qu'il entend par violation : le mot est équivoque; car, ordinairement, violer c'est enfreindre ce à quoi on s'est engagé, ce qui supposerait la bénédiction déjà impartie au mariage; mais ici le sens conduit à interpréter cette violation par l'omission; de sorte que c'est comme s'il y était dit qu'aux yeux des fidèles, l'omission de la bénédiction était un sacrilége. Au surplus, toujours est-il certain que cette bénédiction ne se rapportait qu'aux fiançailles, et quoique son omission fût regardée comme un sacrilége, cela empêchait d'autant moins l'impartition du sacrement, que les chrétiens qui sont en état de péché mortel le reçoivent aussi réellement, en se mariant, que ceux qui sont en état de grace, et que c'est même pour cela qu'on dit qu'ils commettent un sacrilége.

Donc toutes ces cérémonies étaient indépendantes du sacrement, puisque le sacrement de mariage ne peut exister quand le mariage même n'existe pas, et qu'ici il n'était pas encore contracté.

Le pape saint Innocent ne parle que de bénédiction; le pape saint Hormidas établit une différence entre elle et le mariage fait *in Domino*, puisqu'il veut qu'elle précède : il semble qu'il ne la regardât que comme préparation au mariage.

Le concile général d'Éphèse se borne à dire que Notre-Seigneur honora de sa bénédiction les noces de Cana. (*Co honestavit.*)

Le pape Nicolas I, consulté par les Bulgares sur la manière de célébrer le mariage, et sur les conséquences résultant de ce qu'il ne serait pas fait à l'église, leur expose d'abord les usages de l'Église romaine; puis il ajoute : « Mais si toutes « ces cérémonies ne sont point intervenues dans « l'alliance nuptiale, nous ne disons pas pour « cela, comme les Grecs, qu'il y ait péché, puis- « que....., suivant les lois, il suffit du consente- « ment de ceux qui doivent s'unir. » *Peccatum*

*autem esse, si hæc cuncta in nuptiali fœdere
non interveniant, non dicimus, quem ad mo-
dum Græcos... præsertim cùm... sufficiat secundum leges* SOLUS EORUM CONSENSUS *de quorum
conjunctionibus agitur.*

Ainsi, il fait dériver la validité du sacrement
de la validité du contrat, parce qu'en effet, sans
contrat, il ne pourrait y avoir de sacrement; et
il établit cette doctrine pour le cas où il suppose
que les cérémonies religieuses, usitées alors, et
dont il parle, telles que la bénédiction et le voile,
n'ont pas été observées; il n'a pu parler, dans
cet endroit, que du mariage considéré comme
sacrement, car outre qu'il était consulté précisément sur ce point, il traite du péché qui peut ou
non résulter de cette omission; ce qui n'a trait
qu'au sacrement, car le contrat est toujours valide dès que les lois le reconnaissent tel.

Voilà donc bien nettement démontré, par une
chaîne non interrompue d'autorités des Pères et
des Papes, en remontant aux premiers siècles
de l'Église, que la bénédiction nuptiale ne fait
pas le sacrement de mariage, que le sacrement
résulte du seul fait que c'est un chrétien qui se
marie; que cette bénédiction peut même être
omise sans péché.

Cependant, comme, d'un autre côté il répugne à la nature des choses que le mariage soit
sacrement pour l'infidèle, et qu'ayant été insti-

tué par Jésus-Christ, pour la sanctification des fidèles, il semble ne devoir être pour les autres que ce qu'il était avant Jésus-Christ, c'est-à-dire, pur contrat civil, il faut dire que si un chrétien se marie avec un infidèle, le mariage n'est sacrement que pour le chrétien; mais que si l'infidèle vient ensuite à se convertir, il participe au même avantage, puisque le consentement suffit pour le sacrement de mariage, entre fidèles, comme pour le contrat entre toutes personnes.

Il est donc vrai, comme l'avait enseigné le sage et savant Pothier, l'un des plus profonds jurisconsultes dont s'honore la France, que la bénédiction nuptiale n'était, dans ces temps antiques, considérée que comme un pieux usage, auquel il était convenable de se conformer quand on le pouvait, mais dont l'omission n'empêchait pas que le mariage ne fût sacrement, par cela seul qu'il avait lieu entre fidèles.

Elle était si peu essentielle pour conférer au mariage le sacrement, que l'on voit, par les capitulaires de Charlemagne et de ses successeurs, qu'elle ne se donnait pas aux deuxièmes noces; et certes on ne s'avisera pas de dire que les deuxièmes noces fussent privées du sacrement, ce serait tomber dans une véritable hérésie, celle des Cathares.

Mais, objectera-t-on peut-être, comment s'est-il fait que le concile de Néocésarée ait soumis à une pénitence ceux qui se remariaient?

3

C'est, répondons-nous avec le cardinal Baronius, parce qu'ils manifestaient par-là leur incontinence; mais on ne prétendait pas, malgré la punition qu'on leur infligeait, qu'ils commissent un péché : au contraire, l'Église a toujours regardé les mariages subséquens comme valides, quelque nombreux qu'ils fussent, quoiqu'elle trouvât plus louable de s'en tenir au premier.

De même, quelques conciles avaient prohibé les mariages entre chrétiens et infidèles, mais c'était par mesure de prudence, et parce qu'à certaines époques les fidèles s'étaient vus exposés à de grands dangers.

Par exemple, ce fut pour les prévenir que le concile d'Elvire, tenu en 305, sous l'empire de ce cruel Galerius, qui persécuta si horriblement le christianisme, renouvela cette défense; il la fonde même sur ce qu'il y a beaucoup de filles payennes, et que par conséquent les payens peuvent suffisamment choisir parmi elles, sans s'adresser en outre aux chrétiens : PROPTER COPIAM PUELLARUM, dit-il dans le canon 16, *gentilibus minime danda sunt virgines christianæ.*

Mais lorsque les persécutions eurent cessé, les dangers n'étant plus les mêmes, l'Église se relâcha de sa prudente sévérité.

Ainsi, le quatrième concile de Carthage, tenu en 397, défendit seulement aux enfans des ecclésiastiques de se marier avec les infidèles, et le concile de Calcédoine leur permit le mariage avec les *hérétiques* qui promettraient de se convertir; il n'exige pas qu'il soit déjà convertis. Quant aux ecclésiastiques eux-mêmes, qu'il autorisait à se marier, c'est-à-dire ceux qui, tels que les lecteurs et les chantres, n'étaient que dans les ordres mineurs, il ne le leur permet qu'avec des *catholiques*, parce qu'il est sensible que les ecclésiastiques sont obligés à plus de précautions que les simples fidèles, et que devant donner l'exemple, une union avec des infidèles, ou même seulement des hérétiques, serait scandaleuse de leur part.

On regardait donc comme plus blâmable, et devant être plus étroitement défendu, le mariage avec des payens qu'avec des hérétiques, car au moins ceux-ci reconnaissaient-ils la divinité de Jésus-Christ, si l'on en excepte les ariens, qui pourtant, sans le croire égal à Dieu, le croyaient plus qu'homme, puisqu'ils enseignaient qu'il existait avant tous les siècles. Les enfans des ecclésiastiques constitués dans les ordres mineurs ne pouvaient pas se marier avec des payens, mais ils le pouvaient avec des hérétiques qui promettaient de se convertir; quant aux simples fidèles, cette promesse n'était pas nécessaire, puisqu'ils pouvaient même épouser des payens.

Le contraire, sur ces derniers points, semblerait résulter du concile de Laodicée, canon

1er, qui dit qu'il ne faut pas que ceux qui sont de l'Église marient indistinctement leurs enfans aux hérétiques.

Mais 1° ces mots : ceux qui sont de l'Église Τοις της Εκκλησιας, sont équivoques, et s'ils peuvent signifier tous les fidèles, ils peuvent aussi ne signifier que les ecclésiastiques.

2° L'équivoque est levée par le canon 31, qui parle des simples fidèles, et qui exige, pour qu'ils puissent se marier aux hérétiques, que ceux-ci promettent de se faire chrétiens; ce qui marque que le mot *hérétiques* n'est pas pris là dans son sens ordinaire, de chrétien séparé de l'Église comme ayant des opinions contraires à sa doctrine; mais qu'il y désigne ceux qui n'ont jamais été dans l'Église, par exemple les Juifs.

Encore avons-nous vu que cette prohibition ne fut que momentanée, et que quand le danger des persécutions diminua, la rigueur de l'Église s'adoucit.

Il y a pourtant une loi qui a déclaré nuls les mariages des fidèles avec les hérétiques en général, c'est le 72° canon du concile appelé *in Trullo*, et tenu à Constantinople très longtemps après, puisque ce fut en 692.

Mais elle n'est d'aucun poids pour nous, car cette assemblée a toujours été regardée, dans l'Église latine, comme un conciliabule pour favoriser les monothélites, qui y étaient en grand nombre; et c'est précisément la réprobation dont a été frappé ce concile, qui confirme plus fortement encore la règle que le mariage des infidèles avec les hérétiques, et même avec les infidèles, est valide comme sacrement aussi bien que comme contrat.

Enfin Alexandre III et Innocent III, qui tous deux avaient été jurisconsultes, se contentent, pour la validité du mariage comme sacrement, de la promesse réciproque des parties, appelée *sponsalia de præsenti.*

« Nous avons vu par votre lettre, dit le premier (1) répondant à l'évêque de Norwick, qu'un homme et une femme se sont unis *sans la présence d'aucun prêtre,* et sans employer la solennité usitée dans l'église d'Angleterre ; qu'ensuite ils se sont séparés avant qu'il y ait eu entre eux copulation charnelle, et que cette femme a épousé solennellement un autre individu, avec lequel elle a vécu : nous avons jugé devoir vous répondre que si le premier mari et la femme se sont engagé leur foi, en se disant mutuellement : je vous prends pour mon mari, je vous prends pour ma femme, cette femme doit lui être renvoyée, quoiqu'il

---

(1) *Decret. de Spons. duor.*, c. 8.

n'ait pas cohabité avec elle, et qu'aucune solennité ne soit intervenue; car, après un tel
consentement, elle n'a pu ni dû se marier avec
un autre. *Ex tuis litteris intelleximus virum
quemdam et mulierem, sese invicem recepisse,
NULLO SACERDOTE PRÆSENTE; nec adhibità solem-
nitate quam solet anglicana ecclesia exhibere,
et illam prædictam mulierem ante carnalem
commixtionem solemniter duxisse et cogno-
visse. Tuæ prudentiæ duximus respondendum
quod si prius vir et mulier ipsa de præsenti
se receperint, dicendo unus alteri : ego te recipio in meam , et ego te recipio in meum,
etiamsi nos intervenerit illa solemnitas, nec vir
mulierem carnaliter cognoverit, mulier ipsa
prima debet restitui, cùm nec potuerit nec de-
buerit post datum consensum alii nubere.*

Ailleurs il dit (1) que lorsque les mariages
ont été contractés si secrétement qu'il n'y en
ait aucune preuve, l'Église ne peut contrain-
dre à y être fidèles les parties qui en nient l'existence; mais que lorsqu'elles les avouent, ils
sont aussi valables que, s'ils avaient été faits en
face de l'Église, à moins qu'il n'y ait d'ailleurs
quelque empêchement: *verùm si personæ contrahentium hæc voluerit publicare, nisirationq-*

---

(1) *Extr. de Clandest. desp.*, c. 2.

bilis causa præpediat, ab ecclesia recipienda
et comprobanda, tanquam si ab initio in eccle-
siæ conspectu celebrata.

Innocent III, marchant sur ses traces, valide
aussi de tels mariages, et se contente d'ordon-
ner qu'on imposera une pénitence à ceux qui
les contracteront (1). Il lève tout doute sur leur
validité comme sacrement, au *chap. 7, extr.*
de divort.; car il observe ce que nous disions
naguère, que, quoique le mariage des infidèles
soit un vrai mariage, il n'est pas *ratum*, pour
dire qu'il n'est pas sacrement, mais qu'entre les
fidèles, il est l'un et l'autre, *verum et ratum* :
et si matrimonium verum *inter infideles existat,*
non tamen est ratum ; *inter fideles autem,*
verum et ratum *existit.*

§ III.

Changemens introduits par le concile de Trente
dans ces anciens principes, dont il reconnaît
l'existence.

Nous arrivons par gradation au concile de
Trente, le dernier qui ait eu lieu, et voici ce
qu'il dit de ces mariages clandestins.

---

(1) *Extr. de eo qui Cogn. consang.*, etc., *c.* 6.

« Il n'est pas douteux que les mariages clandestins faits du libre consentement des parties
ne soient *vrais* et LÉGITIMES, tant que l'Église
ne les a pas déclarés nuls. En conséquence, on
a raison de condamner, et le saint concile
frappe d'anathème ceux qui en contestent la
réalité et la légitimité. *Dubitandum non est
clandestina matrimonia, libero contrahentium
consensu facta,* RATA ET VERA *esse matrimonia, quamdiù ecclesia ea irrita non fecit. Et
proinde jure damnandi sunt illi, ut eos sancta
synodus anathemate damnat, qui ea* VERA AC
RATA *esse negant* (1).

Or nous avons vu que le mot *rata* exprimait
la validité du mariage comme sacrement, et
que Justinien, employant le même mot dans
une de ses lois ci-dessus analysées, avait dû le
prendre dans le même sens.

Ce concile ne fut pas admis en France, comme
nous le montrerons bientôt; cependant la nullité qu'il prononçait pour l'avenir contre les mariages célébrés hors de l'Église, parut être fort
sagement établie, et l'ordonnance de Blois fit
une lois de cette nouvelle règle, contraire de
tout point à l'ancienne : c'est ce que reconnaît
Louet (2).

---

(1) *Decr. de Reform. matr.*, sess. 24, c. 1.
(2) Lett. *M*, som. 26.

» Par la nouvelle jurisprudence, le chap. *des
Decret. veniens*, et le chap. *is qui fidem, tit. de
sponsal.* » ne sont plus suivis dans ce royaume;
» au contraire, par l'ordonnance de Blois, ar-
» ticle 40, la copulation charnelle ne fait plus
» présumer le mariage, et il faut le prouver par
» la bénédiction du prêtre » : *novà quidem juris-
prudentia cap. veniens, cap. is qui fidem, de
sponsal. apud Gregor. non amplius observantur
in hoc regno, sed regià Blesensi constitutione,
art. 40, matrimonia ex carnali copulà non præ-
sumuntur, sed benedictione sacerdotali pro-
bantur.*

Donc, auparavant, cette copulation seule suffisait, dans le droit civil, pour établir le mariage; donc puisqu'en cela le droit civil a dérogé au droit canon, la bénédiction sacerdotale
n'a jamais été requise par le droit canon pour
le mariage; et il s'est contenté de la copulation
charnelle.

Ce droit regardait ces mariages comme si valables, quoique simplement présumés, que,
d'après la remarque de Brodeau, il n'admettait
pas même la preuve contraire, « et suivant ce,
» ajoute-t-il, on tenait en France avant l'ordon-
» nance de Blois....., que la bénédiction, les
» proclamations de bans, et autres pareilles so-
» lennités n'étaient point requises *de necessitate
» sacramente.* » Voilà donc encore ces mariages

présumés, dont la validité comme sacrement est reconnue.

Or nous venons de voir que les mariages présumés étaient ceux qui, dénués de toutes solennités, s'étaient bornés au consentement des parties, et avaient été suivis de leur copulation charnelle ; que même cette copulation n'était pas nécessaire, et que le consentement suffisait.

C'est ce qui excitait les plaintes de Leprêtre ; il aurait voulu que, conformément aux nouvelles règles introduites par l'ordonnance de Blois, le droit canon annulât les mariages non suivis de la bénédiction sacerdotale : « depuis cette an- » tiquité, s'écriait-il, qui désirait cette célébrité » au mariage : « (désirait, oui, mais n'exigeait pas ; ainsi point d'obligation rigoureuse), « la » licence des hommes s'est portée à prouver les » mariages sans bénédiction nuptiale et inter- » vention du prêtre, qu'ils ont appelés mariages » présumés, et *ont dit que la foi suffisait sans le* » *mystère.....* Tout le titre *de sponsalib.* et le titre » *de clandestinâ desponsatione* sont remplis de » décrets des papes pour la tolérance des ma- » riages clandestins ».

Quelques réflexions sur celles de ce magistrat.

On prenait bien ces mariages comme sacremens, puisqu'on y requiert la foi, et que dans le contrat il n'en est pas besoin ; or Alexandre était du nombre de ces papes, ainsi qu'Innocent, puisque, indépendamment des passages que nous venons de voir, le moine Gratien, parlant de leurs décisions, distingue trois sortes de mariages : *matrimonium legitimum et non ratum, inter infideles; matrimonium ratum, sed non legitimum, ut inter fideles, matrimonium præsumptum* (les fiançailles suivies de copulation charnelle, qui faisait présumer le consentement); *matrimonium legitimum et ratum, cùm solemne fit benedictione sacerdotis, et uxor à parentibus traditur* (cette bénédiction ne le rendait donc que solennel).

Après cette distinction, voici les effets qu'il attribue à chacun de ces mariages.

Il dit du premier :

« A la vérité, le mariage fait suivant les lois est légitime, mais il peut être dissous par le divorce, et c'est pour cela qu'il n'est pas *ratum*. (Il le suppose fait entre infidèles, et ne renfermant que le contrat.)

Ainsi, il regardait comme dissoluble le mariage privé du sacrement; mais, à cet égard, il tombait dans une erreur condamnée par les anciens pères, tel que saint Innocent, qui observe que Jésus-Christ défendant le divorce, en disant : *Quod deus conjunxit, homo non separet*, ο ουν ο θιος συνζιυξεν, ανθρωπος μη χωριζετω, avait dit cela interrogé par des Juifs, et répondant à des Juifs, pour prouver qu'il avait en vue même les mariages

faits avant le baptême, et par conséquent ceux
des infidèles; doctrine embrassée en particulier
par Tertulien, saint Chrysostôme, Théophylacte
et le concile de Tribur, et enfin par le célèbre
arrêt du parlement de Paris, en date du 2 janvier 1758, dans la cause du juif Borach Lévy,
devenu chrétien, contre sa femme Mendel-Cerf,
restée juive.

Il dit ensuite du deuxième, qu'il appelle *ratum
sed non legitimum* : « Quoique moins légitime
que le premier, il ne peut cependant pas être
dissous quand il a été formé ; *et si minus legitimum sit, tamen initum solvi non potest.*

Ici il faut distinguer : ou ces mariages étaient
prohibés par la loi civile, et alors c'est une erreur
de penser qu'ils fussent indissolubles, puisqu'il
n'y avait pas de contrat, et que le contrat doit
précéder ; que par suite il ne pouvait y avoir de
sacrement, et ainsi, suivant le principe même
de Gratien, un lien indissoluble; ou elle les to-
lérait sans les approuver, et alors ils étaient en
quelque sorte légitimes.

Enfin, après avoir dit du troisième que c'est
celui où intervient la bénédiction du prêtre et
le consentement des parens, il ajoute : « Mais le
mariage de ces individus qui, dédaignant toutes
ces solennités et conduits par la seule affection,
cohabitent avec une femme à titre d'épouse, est
regardé comme *ratum*, quoique non légitime.

Illorum autem conjugum qui contemptis OMNIBUS *illis solemnibus, solo affectu aliquam sibi in conjugem copulant, hujus modi conjugium ratum quidem creditur, non legitimum.*

Ici, même distinction à faire : si la loi tolère ces mariages, ils rentrent dans la seconde classe; si elle ne les tolère pas, ils sont nuls, autrement il en résulterait cette absurde conséquence qu'un mariage proscrit par la loi civile serait néanmoins indissoluble, et qu'ainsi il y aurait opposition directe et formelle entre la loi de l'État et celle de l'Église, sur un point qui intéresse spécialement l'État.

Au reste, quelque sentiment que l'on adopte à cet égard, il reste certain que, si l'on regardait comme sacremens ces mariages, quoique simplement présumés, à plus forte raison doit-on regarder de même ceux faits aujourd'hui devant le ministre de la loi, et avec toutes les formes civiles requises; qu'ainsi, tant que la loi civile n'a rien exigé que la copulation, ou même le consentement pour le contrat, le mariage est contrat par cette copulation, ou indépendamment de cette copulation si elle n'est pas exigée, et devient sacrement s'il a lieu entre chrétiens.

C'est même ce qu'établit encore mieux le concile de Trente, sess. 24 : « Mais, dit-il, Jésus-« Christ lui-même, qui a institué et rendu par-« faits les sacremens, nous a mérité par sa passion

« la grâce qui perfectionne cet amour naturel,
« confirme un lien indissoluble et sanctifie les
« conjoints. » *Gratiam vero quæ naturalem illum
amorem perficeret, et indissolubilem unitatem
confirmaret, conjugesque sanctificaret, ipse Christus venerabilium sacramentorum institutor atque
perfector, suâ nobis passione promeruit.* Ce que
le mariage contracté sous la loi évangélique a
de plus que les anciens, c'est la grâce : *matrimonium, in lege evangelicâ, veteribus connubiis
gratiâ præstat.*

Il est temps de tirer les conséquences, et d'a-
bandonner les autorités pour s'en tenir au raisonnement.

La confirmation d'un acte a toujours présup-
posé l'existence de cet acte ; il en est de même
pour toutes choses. On ne peut confirmer ce
qui est nul, car ce qui est nul est censé n'avoir
jamais existé. Le droit civil est rempli de décisions qui mettent ces points à l'abri du doute,
et la seule définition du mot suffit pour en
convaincre.

Confirmer, disent les dictionnaires, c'est rendre plus ferme, plus stable.

Or, on ne peut rendre plus ferme, plus stable,
que ce qui a déjà un certain degré de fermeté,
de stabilité.

Jésus-Christ a confirmé une union indissoluble, il ne l'a donc pas rendue indissoluble ;

elle l'était avant lui, et voilà la condamnation
de Gratien, et la preuve que le mariage, une
fois valable, est indissoluble entre les infidèles
aussi bien qu'entre les chrétiens.

Comment Jésus-Christ a-t-il confirmé cette
union? Par la grâce que sa passion nous a mé-
ritée et procurée. Avant sa passion nous n'avions
donc pas cette grâce, le mariage n'était donc pas
confirmé par elle, et néanmoins il était indissoluble. La grâce que sa passion nous a acquise
est, quant au mariage, celle qui sanctifie les
conjoints; c'est donc le sacrement, le contrat
est donc antérieur au sacrement, le sacrement
ne constitue donc pas le mariage, puisque avant
l'institution du sacrement il y avait mariage, et
mariage indissoluble, et que, depuis l'institution
du sacrement, le lien conjugal a seulement été
confirmé et sanctifié.

Le sacrement n'existe cependant que pour les
chrétiens. Jésus-Christ a souffert pour tous les
hommes, il est vrai, et en conséquence pour
leur procurer la grâce à tous sans exception;
mais c'est dans ce sens qu'ils deviendront ses
disciples en embrassant le christianisme. Un
juif ou un autre infidèle quelconque, demeuré
tel, n'aura donc pas la grâce qui sanctifie le mariage; elle a pour source la foi, qui est indispensable pour se sauver, quoiqu'elle ne soit pas
suffisante, et qu'il faille y joindre les bonnes
œuvres.

Il y a donc cette différence entre les chrétiens et les infidèles, que ceux-ci, même avec leurs bonnes œuvres, ne peuvent pas se sauver; que seulement elles leur procurent la grâce nécessaire pour se convertir, et leur en facilitent les moyens, et que ceux-là, ayant déjà la foi, n'ont besoin que d'y joindre les œuvres.

Cependant il faut la foi sur tous les points décidés par l'Église, puisqu'elle est reconnue infaillible, et qu'elle enseigne que hors d'elle il n'y a point de salut : les diverses sectes de chrétiens sont donc enveloppées dans la même proscription.

Mais, si dans la rigueur des principes et dans l'usage primitif de l'Église, le mariage célébré hors de l'Église, et par le seul consentement des parties, est à la fois contrat civil et sacrement, quand il a lieu entre fidèles, et n'est privé du sacrement que relativement aux infidèles, ou à celui des deux époux qui n'est pas chrétien et catholique, ces principes et cet usage peuvent-ils être changés par elle, et peut-elle, en conséquence, déclarer, indépendamment de la volonté du prince, que le mariage célébré sans les solennités religieuses sera privé du sacrement, et, en supposant l'affirmative, cette privation emporte-t-elle, même ne fût-ce qu'incidemment, la nullité du contrat? C'est la troisième et dernière branche de la question traitée dans cet ouvrage.

§ IV.

Le concile de Trente a-t-il pu changer les anciens principes à cet égard, et l'Eglise peut-elle en thèse créer des empéchemens dirimans ?

Pour l'établir, cette affirmative, les théologiens ont raisonné, en substance, de la manière suivante :

Le mariage, avant Jésus-Christ, n'était qu'un contrat ; mais depuis il est devenu sacrement, dès qu'il a eu lieu entre fidèles : cette qualité de fidèle suffisant pour cela, tous les mariages où elle se trouve ont été élevés à la dignité de sacrement, et par conséquent sont du ressort de l'Eglise sous ce dernier rapport, quoique non bénis par le prêtre, puisque la bénédiction n'étant d'aucune influence sur le sacrement, peu importe qu'elle ait eu lieu ou non.

Ils rappellent, à cet égard, la doctrine des pères, l'exemple des chrétiens mariés avec des infidèles sans avoir été privés de la grâce, puisqu'au contraire ils se sont sanctifiés ; puis ils en concluent, les uns, que les parties étaient les ministres du sacrement, et le prêtre, de la bénédiction ; les autres, en petit nombre, que le

4

prêtre était ministre du sacrement et de la bénédiction (sentiment erroné, comme on l'a vu
par une tradition constante rappelée plus haut:)
mais tous que le mariage étant sacrement, et
l'Eglise ayant seule juridiction sur le sacrement,
il suit de là que tous mariages sont sacremens,
quoiqu'ils ne soient pas tous bénis.

Jusqu'ici eux et nous sommes parfaitement
d'accord, mais ils ajoutent, pour nouvelles conséquences de nos principes mutuels, que l'Eglise
peut annuler le mariage comme sacrement, puisqu'elle a seule juridiction sur le sacrement; que
l'annulant comme sacrement, elle l'annule incidemment comme contrat : d'où ils concluent
qu'elle peut créer des empêchemens dirimans.

M. Leridant, qui a fait un traité exprès sur la
matière, soutient, au contraire, que la bénédiction du prêtre fait le sacrement; qu'ainsi il
n'y en a pas sans elle, et conséquemment sans
l'intervention du prêtre, lequel seul en est ministre; que les passages des pères établissent
l'indentité du sacrement et de la bénédiction,
mais qu'y ayant eu beaucoup de mariages faits
hors de l'église, et sans bénédiction, qui néanmoins ont été reconnus valides, tels que ceux
faits entre fidèles et infidèles, leur validité n'a pu
résider que dans le contrat, qui dépend uniquement de la puissance temporelle : or, que le
mariage étant valide comme contrat, l'Eglise ne

peñt le priver que du sacrement, sur lequel seul elle a droit, et qui est indépendant de l'acte civil : que les empêchemens dirimans tombant tous sur cet acte, le prince peut seul les établir ; que si l'on objecte que le mariage lui-même est sacrement quand il a lieu entre fidèles, quoique sans bénédiction, qu'en un mot le sacrement est inhérant au contrat, et que par suite l'Eglise peut annuler tous mariages entre fidèles, sous le rapport du sacrement, ce qui entraîne la nullité du contrat, de même que le prince peut empêcher le contrat, et par suite l'impartition du sacrement, il suffit d'observer simplement que le mariage est un sacrement de la loi nouvelle, et qu'on n'a pas eu en vue le mariage pris comme contrat ; qu'il n'y a donc qu'une inexactitude d'expressions , provenant de ce qu'on a voulu éviter de répéter le mot *sacrement*.

On voit que si M. Leridant a pris le contrepied des théologiens, c'est qu'il a pensé ne pouvoir accorder au souverain exclusivement la création d'empêchemens dirimans, qu'en séparant tout à fait du sacrement le contrat, sur lequel seul il a droit, et que tous deux une fois distingués, on ne pouvait trouver le sacrement que dans la bénédiction.

S'il n'y avait pas de meilleures raisons à donner, il faudrait nécessairement reconnaître, avec les théologiens, que quant aux mariages

entre fidèles, l'Eglise peut établir des empêchemens dirimans, et par suite annuler incidemment le mariage comme contrat, puisqu'il est
maintenant démontré que la bénédiction ne fait
pas le sacrement.

M. Leridant convient, p. 119, que le concile
de Trente a validé les mariages clandestins; puis
il remarque que la plupart n'étaient pas faits à
l'Eglise, ni avec la bénédiction du prêtre; d'où
il conclut que le concile a confirmé des mariages
qui n'étaient ni *sacremens*, ni *bénis* par un sacrement.

Il met donc quelquefois, malgré lui, une différence entre le sacrement et la bénédiction; or
nous venons de voir que ces mariages, quoique
non bénis, étaient regardés comme indissolubles, et de là comme sacremens, puisque c'est
le sacrement seul qui, dans l'opinion des canonistes, rendait l'union indissoluble; ce qui suit
vient encore à l'appui :

Le père Labbe, continuateur de l'*Histoire
ecclésiastique* de l'abbé Fleury, rapporte que le
cardinal de Lorraine s'étant rendu à ce concile
pour y représenter et défendre les intérêts de la
France, dit qu'il souhaitait qu'on ajoutât, dans
le décret, que la bénédiction du prêtre serait nécessaire pour rendre le mariage sacrement (donc
auparavant elle ne l'était pas), et que puisque les
hérétiques voulaient que leurs ministres fissent

la bénédiction des noces, il était beaucoup plus convenable que cela se pratiquât dans l'Eglise catholique, où sont les vrais ministres et les vrais prêtres.

Quoique l'Eglise ait validé les mariages clandestins, ce qui ne peut être que pour le sacrement, car elle n'a aucun pouvoir sur le contrat, il faut avouer qu'elle les a toujours détestés, ainsi que le déclare ce concile, mais comme elle déteste la réception des autres sacremens dans un cœur qui les profane par son indignité, ce qui n'empêche pas qu'ils ne soient valables en eux-mêmes, parce que, d'après la doctrine de saint Augustin contre les donatistes, leur validité ne dépend point de la dignité ou de l'indignité de ceux qui les confèrent ou les reçoivent.

Maintenant, il est incontestable que la bénédiction n'est pas le sacrement, qu'ainsi le prêtre peut être ministre de l'une sans l'être de l'autre ; que c'est de la bénédiction qu'il l'est, puisque l'Eglise reconnaît valables, comme sacremens, les mariages faits hors la présence du prêtre.

Faudra-t-il donc, comme la foule des théologiens, reconnaître dans les contractans eux-mêmes les ministres du sacrement, car il est nécessaire qu'il y ait des ministres pour impartir les sacremens?

Quelque inconvenant que cela paraisse, on est forcé de s'y résoudre, si l'on ne trouve une

antre explication plus heureuse, que nous exa-
minerons bientôt.

En attendant, observons que les théologiens,
et saint Thomas à leur tête, divisent le mariage
en un contrat naturel, contrat civil et sacrement;
que le premier est l'accord de deux personnes
qui vivent hors de la société, mais que comme il
ne se trouve pas de cas où il soit applicable, ex-
cepté peut-être chez les sauvages, il n'est pour
nous qu'un être de raison.

Reste donc le mariage comme contrat civil,
et le mariage comme sacrement : celui-là, qui
est (toujours d'après leur définition) un accord
réglé par les lois du pays où l'on vit, et qui leur
est conforme, de quelque religion que l'on soit;
celui-ci, qui est ce même accord, mais seulement
entre chrétiens.

Leridant, p. 103 et suiv., soutient que le mariage lui-même est toujours et dans tous les cas
un simple contrat, mais qu'il n'est pas plus sacrement qu'il ne l'était avant Jésus-Christ, et
comme cette opinion est contraire au concile de
Trente, qui décide positivement que le mariage
est *verè et propriè* un des sept sacremens de la
loi nouvelle, et frappe d'anathème ceux qui le
nient, il prétend que ce concile veut dire seulement que le sacrement de mariage et non pas le
mariage lui-même, ou le contrat, est un de ces
sept sacremens.

Mais remarquons que ce même concile n'a
pu ajouter les mots *verè et propriè*, que pour
désigner le contrat, qui fait le mariage propre-
ment dit; qu'il y aurait d'ailleurs du ridicule à
dire que le sacrement de mariage, si on le prend
pour autre chose que le contrat, est un des sept
sacremens de la loi nouvelle, car Jésus-Christ
les ayant tous institués, et n'y en ayant eu aucun avant lui, dans ce sens qu'ils soient signes
sensibles de la grâce sanctifiante, il était très-
inutile et même absurde d'observer que ce sacrement était sacrement de la loi nouvelle, et
c'était dire qu'un sacrement est un sacrement,
puisqu'il n'y en avait pas dans l'ancienne loi.

Au reste, les auteurs, pour la plupart, l'ont
ainsi interprété; Juenin, par exemple, avouant
que le mariage, pris d'une manière étendue ,
c'est-à-dire comme figuratif de l'union de Jésus-
Christ et de l'Église , tels qu'étaient ceux faits
avant le christianisme , est nommé sacrement
dans le sens de mystère, et que c'est ainsi qu'on
doit entendre l'épître de saint Paul aux Éphé-
siens, dans le passage où il dit : *Sacramentum
hoc magnum est...... In Christo et in Ecclesia* ,
ajoute pourtant que, pris à la rigueur, *propriè
et strictè*, il est sacrement de la nouvelle loi :
probatur 1° *ex consensu utriusque ecclesiæ*, oc-
cidentalis et orientalis; 2° *ex patribus;* 3° *ex con-
ciliis.*

Estius ne veut pas qu'on en doute, *neque du-bit andum est*, lui, cependant, qui a soutenu avec le plus de force et d'étendue que le passage de saint Paul ne peut s'entendre que du mariage primitif d'Adam et d'Eve et de leurs descendans, et qu'il n'est qualifié sacrement que comme sym-bole, ou figure de l'union de Jésus-Christ avec l'Église, parce que, de même que l'homme quitte son père et sa mère pour s'attacher à sa femme, et qu'ils sont deux en une seule chair, de même le fils de Dieu quitte le sein de son père pour s'attacher inséparablement à son Église, dont il est chef, comme le mari l'est de sa femme.

A la vérité, Maldonat, *quæst. 1 de Matrim.*, dit que le mariage n'est sacrement que pour mar-quer l'union de Jésus-Christ et de l'Église : *Ma-trimonium non ob aliam causam est sacramen-tum, nisi ob significationem Christi et Ecclesiæ;* mais il entend parler du mariage antérieur à Jésus-Christ, puisque c'est celui dont il traite plus haut.

Il ne reste plus que Juénin, Melchior Canus et Sylvius, qu'on puisse nous opposer; mais d'abord, le premier, qui soutient avec les deux autres que les mariages clandestins antérieurs au Concile de Trente étaient mariages, et non sacremens de la loi nouvelle, est contraire à lui-même, puisqu'ailleurs il enseigne que le ma-riage, pris pour autre chose que pour figure, est

vraiment sacrement de la loi nouvelle, et qu'on
a déjà vu que ces mariages étaient dits *rata*, et
que le mot *ratum* désigne le sacrement, d'après
les papes et même le concile de Trente.

Mais, au surplus, si, d'après leur doctrine,
ces mariages étaient valables comme contrats,
et n'étaient pas néanmoins sacremens, il est
donc faux que la bénédiction fasse le sacrement,
puisque la plupart d'entre eux avaient été bénis
par un prêtre, et qu'on ne leur reprochait que
le secret.

Melchior Canus, le second de ces théologiens, celui de tous qui s'élève avec le plus de
force contre l'opinion commune, objecte 1° que
dans les autres sacremens il y a rit sensible,
image de la grâce qui y est attachée, et qu'on
ne rencontre rien de pareil dans ces mariages
qui ne sont que comme ceux des payens; 2° que,
suivant saint Augustin, il n'y a de sacrement
que le signe sacré d'une chose sacrée, et non
pas tout signe quelconque; car, autrement, il
faudrait soutenir que le serpent d'airain, la
manne, et autres figures de l'ancienne loi, étant
signes d'une chose sacrée, c'est-à-dire de la nouvelle alliance, étaient sacremens; que, si les
mariages clandestins renfermaient le sacrement,
les fidèles qui les contractent devraient se regarder comme sacrilèges, ce que pourtant ils ne
font pas; 3° qu'il s'ensuivrait que ceux faits par

signes ou par lettres entre absens, ou par la seule connaissance charnelle, seraient sacremens, un prêtre muet pourrait absoudre des péchés, et un évêque muet conférer l'ordination, puisque les signes équivaudraient aux paroles.

Je réponds au premier argument que, fût-il vrai que, dans le sacrement de mariage, il n'y a pas de rit sensible ni d'autres qualités que dans le mariage des payens, il ne faudrait pas s'en étonner; car, quant au premier point, ce sacrement a été réuni à un acte temporel qui lui est préexistant, tandis que les autres sacremens ne renferment rien que de spirituel; qu'ainsi, les deux cas sont très-différens : que, par conséquent, on ne peut ici raisonner par analogie; qu'au surplus, le rit n'étant qu'une cérémonie indépendante du sacrement, l'omission de l'un ne peut entraîner la nullité de l'autre; qu'au reste, il y avait l'espèce de rit qui convient à cet acte, c'est-à-dire la réception de la foi des conjoints par le ministre préposé à cet effet; qu'ils exigent, de plus que ceux des payens, la foi catholique; que c'est à ce signe qu'on reconnaît s'il y a sacrement; qu'il est tellement suffisant pour cela, que l'auteur des conférences de Paris, conforme à saint Thomas et à Boniface VIII, qui déclarent valide le mariage d'un catholique avec un hérétique, soutient, par voie de conséquence, et interprétant cette décision du sacrement, comme elle doit naturellement s'entendre, que la foi dont manque l'hérétique n'est nécessaire ni pour administrer ni pour recevoir un sacrement; que, d'ailleurs, étant chrétien et baptisé, il peut recevoir celui du mariage.

Mais il n'est pas besoin d'aller jusque-là. Il paraît inconvenant qu'un hérétique soit reconnu capable, lui qui peut, en quelque sorte, être assimilé à l'infidèle, en ce que, comme hérétique, il ne peut jamais se sanctifier, et qu'ainsi le sacrement, qui n'est institué que pour donner la grâce, lui serait constamment inutile : contentons-nous qu'il suive, de la doctrine de cet auteur, que le fidèle qui se marie avec un infidèle ou hérétique, a cette capacité à plus forte raison, ce qui est attesté, comme on l'a vu, par les textes des Pères et des conciles, et par l'exemple d'une foule d'autres chrétiens des premiers siècles ; enfin, par la décision assez récente de de Benoît XIV, le Fénélon de Rome pour les vertus et les talens, lequel a permis ces mariages par décision du 4 novembre 1741, ce qu'il n'a pu faire que sous le rapport du sacrement; car, outre que l'Église n'a pas de juridiction sur le contrat, plusieurs circonstances montrent que c'était là l'intention de ce pape : 1° cette décision ne peut avoir lieu en France, puisqu'elle est postérieure à l'édit de 1680, qui déclare nuls ces mariages; que Jésus-Christ, en élevant le mariage à la dignité de sacrement, n'a pas voulu diminuer les droits du prince ; qu'ainsi, quand l'union d'un ou de plusieurs de ses sujets n'a pas son assentiment, elle n'est qu'un commerce criminel, et ne peut être susceptible de sacrement ; 2° par la même raison, cette décision n'est applicable que dans les pays, catholiques ou non, dans lesquels ces mariages sont permis par la loi civile, quant au contrat.

Or, dans ceux-là, le contrat existe déjà, et l'on ne peut supposer que Benoît XIV ait en une les hérétiques qui se marient à l'église, car il parle en général, et comprend par cela même tous les catholiques en particulier, en quelque lieu qu'ils soient, d'après la maxime *semper specialia generalibus insunt.*

D'ailleurs, en France même, on permettait le mariage des catholiques avec ceux des hérétiques qui célébraient leur union à l'église ; c'est qu'alors ceux-ci n'étaient plus censés hérétiques, et qu'en effet on doit plutôt les regarder comme convertis ; et certes ce n'est pas sur une telle hypothèse, où il ne peut y avoir l'ombre du doute, que tombait cette décision.

La réfutation du premier argument est aussi celle du second ; en effet, ces mariages étant permis par l'Église, il est naturel que les fidèles qui les contractent ne se regardent pas comme sacrilèges : pensassent-ils différemment, il ne

s'ensuit pas qu'ils le fussent ; puisqu'ils sont sacremens, ils sont donc signes sacrés d'une chose
sacrée ; c'est-à-dire de l'union de Jésus-Christ
et de l'Église, tandis que les mariages de l'ancienne loi n'étaient que signes ou figures non
sacrées.

Si le concile de Florence enseigne que les sacremens dépendent des paroles, on peut dire
qu'elles se trouvent même dans ces mariages,
parce que dans tous il y a un accord ; que cet accord, ne fût-il que tacite, il suffirait, puisqu'il
équivaudrait aux paroles formelles ; que Melchior même s'objecte qu'en admettant ce dernier système, il en résulterait que les mariages
faits par signes ou par lettres, entre absens, ou
par la copulation charnelle, seront sacremens :
Quod si semel admittimus, dit ce docteur, *for-
mam sacramenti esse posse aliquando nutus
verborum loco substitutos, nullo pacto effugere
poterimus quin*, etc.

Ce n'est donc que par voie d'induction qu'il
raisonne, et conséquemment il n'a pas cru que
ce concile décidât formellement que les signes ne
peuvent équivaloir aux paroles, sans quoi il se serait borné à rapporter son décret, et à s'en étayer.

Mais il y a plus, et la conséquence qu'il dit
devoir suivre d'une pareille supposition en dé-
coule effectivement, quant à la copulation charnelle, et a été ainsi tirée, comme on l'a vu plus
haut.

Quant aux autres cas, on ne peut en argumenter, puisqu'ils n'y sont nullement liés.

En effet, il est sensible que de ce qu'on déclarera valable un accord verbal ou tacite entre deux parties présentes, et auquel ne s'oppose point la loi du pays, il n'en faut pas conclure qu'on valide également le prétendu mariage contracté par lettres, entre personnes éloignées : ce dernier ne peut être qu'un projet, l'autre a beaucoup plus de rapport avec la définition donnée par la loi romaine, adoptée par le droit canon : *Matrimonium est viri et mulieris conjunctio.*

Relativement à l'exemple qu'il cite d'un prêtre et d'un évêque muets, c'est, contre les règles de la logique, passer d'un genre à l'autre ; car c'est comparer un ministre ecclésiastique avec un séculier, un homme qui confère simplement des sacremens d'une espèce, et à d'autres qu'à lui, avec celui qui en reçoit un d'une autre espèce. Nous verrons bientôt qui confère celui-ci ; tous les autres étant spirituels et sans mélange, il n'est pas étonnant que le prêtre en soit le ministre : ce dernier sacrement étant en outre et même antérieurement contrat ; en un mot, n'y ayant pas, quant au mariage, de sacrement sans contrat, et pouvant y avoir contrat sans sacrement, quelle parité peut-on trouver entre des cas aussi dissemblables?

"Remarquons, au reste, l'aveu de Melchior ; il

ruine entièrement son système : Si tout mariage
entre fidèles est sacrement, sans qu'il soit besoin
de la présence du prêtre, la seule copulation
charnelle suffira pour le contracter ; il la regarde
donc comme insuffisante, puisqu'il veut que le
mariage ne soit sacrement qu'au moyen de la
présence du prêtre.

Or, le contraire est textuellement décidé par
Alexandre III et Innocent III ; nous l'avons vu ;
et de ce principe, diamétralement opposé à celui
de Melchior, dérive une conséquence qui doit
nécessairement l'être aussi ; car son opinion se
réduit à ceci : la copulation charnelle est insuffisante pour le sacrement ; or, si tout mariage
des fidèles renfermait le sacrement, elle suffirait. La majeure renversée, le syllogisme dis-
paraît.

Il allègue, de plus, que si l'on n'exige pas de
cérémonies sacrées pour l'impartition du sacrement, les mariages des païens, des juifs, des Sar-
rasins, etc., seront sacremens comme ceux des
chrétiens.

Cette raison est vraiment pitoyable. Les sacremens sont des canaux par où coule la grâce, et
comme il est de foi que pour en profiter il faut
être disciple de Jésus-Christ, et soumis à son
Église, ses ennemis sont inhabiles à les recevoir
tant qu'ils persévèrent dans leur incrédulité,
puisque les fidèles même n'en retirent pas tous

des fruits de salut, quoiqu'ils y soient matériel-
lement aptes.

Enfin, il invoque l'autorité de Guillaume de
Paris, du concile de Cologne et de saint Thomas.

Ce dernier dit, il est vrai : on appelle sacremens ce que les ministres de l'Église confèrent
au peuple, *eaquæ per ministros ecclesiæ populo
dispensantur, sacramenta dicuntur.*

Mais il ne s'ensuit pas de là qu'ils soient exclusivement sacremens ; et quoique, par exemple,
la loi regarde comme valables les actes précédés
de telle et telle forme, cela n'empêche pas que
ceux où l'on en a omis quelqu'une ne soient valables aussi, à moins qu'elle n'en prononce la nullité d'une manière non équivoque. Or, c'est ce
que nous soutenons n'avoir pas été fait ici, et
jusqu'à ce qu'on nous prouve le contraire, on ne
peut s'appuyer de ce passage sans tomber dans
un cercle vicieux, puisque ce serait donner pour
preuve ce qui est en question. La suite du texte
détruit, au surplus, une telle assertion : « Ainsi
« donc, ajoute le saint docteur, le mariage relatif
« (c'est un terme de l'école, *secundum quod*, pour
« exprimer l'espèce particulière dont on vient de
« parler) consiste dans la conjonction de l'homme
« et de la femme, dans l'objet de procréer des
« enfans, et de les élever pour servir Dieu : c'est
« un sacrement de l'Église. » (Il entend parler du
mariage depuis Jésus-Christ, puisqu'il reconnait

ailleurs que pris comme sacrement de la nouvelle loi, il n'a pas existé avant Jésus-Christ);
« et c'est pour cela que ceux qui se marient re-
« çoivent des ministres de l'Église une certaine
« bénédiction. » *Matrimonium igitur secundum
quod consistit in conjunctione maris et fœminæ,
intendentium prolem ad cultum Dei generare et
educare : est ecclesiæ sacramentum, undè et
quædam benedictio nubentibus per ministros ecclesiæ adhibetur.*

Si, depuis le christianisme, le sacrement consiste dans cette conjonction, et si conséquemment la bénédiction ecclésiastique n'est ajoutée
qu'ensuite, *adhibetur*, à un sacrement déjà existant, ce n'est donc pas elle qui le fait, ce serait
vouloir que l'accessoire créât le principal, ce qui
implique nécessairement contradiction.

Une autre raison palpable, c'est que si le sacrement et la bénédiction sont identiques, le
sacrement existe depuis le commencement du
monde, puisque Dieu bénit l'union d'Adam et
d'Eve, d'où suit que Jésus-Christ, en établissant
le sacrement de mariage, n'a rien donné de plus
à son Église que ce qu'avaient déjà les juifs; tandis qu'il est certain que ces solennités n'étaient
que la figure de celle de la loi nouvelle, et en
particulier le sacrement de mariage, comme Leridant prend à tâche de le prouver par les plus
célèbres des pères, tels que saint Augustin,

5

saint Ambroise, saint Grégoire de Nazianze, saint Léon, etc., et que d'autre part la réalité doit avoir quelque supériorité sur la figure.

Melchior cite encore, en sa faveur, plusieurs pères, plusieurs papes et conciles; mais il faut croire qu'il en a mal pris le sens, puisque quelques-uns d'entre eux disent le contraire par induction, comme nous l'avons vu, tels que saint Sirice et saint Hormisdas, les autres expressément, comme Nicolas Ier : d'ailleurs, il ne rapporte pas leurs textes, et Leridant les a crus si peu décisifs, qu'il n'a pas tenté lui-même de les alléguer.

. Il en est, sans doute, d'eux comme du concile de Cologne, que Melchior cite également, et où se trouve sa condamnation, car il porte : « Si « quelqu'un a reçu convenablement le sacrement « de mariage, au moyen de la prière du prêtre, « qui y est jointe, il confère le don du Saint-Es- « prit, par lequel l'homme aime sa femme d'un « amour chaste, comme Jésus-Christ a aimé son « Église, etc. » *Sacramentum matrimonii siquis sicut decet acceperit, accedente sacerdotali precatione, confert donum spiritûs quo vir diligat uxorem amore casto, sicut christus dilexit Ecclesiam,* etc. On y voit encore la prière du prêtre distincte du sacrement déjà existant.

Cependant ce canoniste avait cru ces différens argumens si péremptoires, qu'il n'avait pas

craint de dire que quand tous les scotistes et thomistes, anciens et nouveaux, se réuniraient pour
l'attaquer, il devait seul et nécessairement l'em-
porter; que prétendre sacrement tout mariage
des fidèles, c'est n'être ni théologien, ni philo-
sophe, ni même logicien : qu'il résultait de cette
rapide discussion que non seulement il n'était
pas de foi que tout mariage des fidèles fût sacrement, mais que même l'opinion contraire était
plus probable : *non solùm non esse dogma fidei
omne fidelium matrimonium sacramentum esse,
sed etiam omninò sententiam contrariam proba-
biliorem esse.*

Les autres théologiens, soit les thomistes,
soit les scotistes, regardaient donc comme de
foi que *tout* mariage entre fidèles est sacrement,
et, par conséquent, le sacrement et la bénédiction n'étaient pas identiques à leurs yeux, le
prêtre étant le ministre de celle-ci, et non de
celui-là.

M. Gerbais, qui a fait un traité pour justifier
le droit de l'Église d'établir des empêchemens
dirimans, pensait aussi comme eux, puisqu'il
dit que les mariages entre fidèles, mais sans la
présence du prêtre, ne seraient privés du sacrement que tout autant qu'il serait certain que le
prêtre en est le ministre, et que la bénédiction
y donne la forme.

Enfin, le concile de Cologne enseigne que,

dans la loi nouvelle, les prêtres font les mariages, comme un père, un parent, un tuteur,
les faisaient dans la loi ancienne.

Or, dans l'ancienne loi ils ne conféraient pas
le sacrement, puisqu'il n'en existe aucun que
depuis Jésus-Christ.

Donc, les prêtres ne le confèrent pas non
plus.

L'omission d'appeler les parens ou tuteurs,
était un défaut de bienséance, sans doute ; mais,
tant que la loi civile n'y attacha pas la peine de
la nullité du mariage, il dut subsister comme
contrat civil et comme sacrement.

Lorsque la loi civile eut exigé cette présence
ou ce consentement, les choses changèrent, et
l'omission de cette formalité rendit le mariage
nul, puisqu'elle fit qu'il n'y eut pas de contrat,
et, par conséquent, de matière pour y donner
la forme, qui est le sacrement. La validité de
l'union ne dépendait donc auparavant que du
consentement des parties.

Arcudius n'a donc pas émis une opinion si absurde qu'il pourrait d'abord le paraître, quand il a
dit dans son fameux ouvrage, *de Conc. eccles.
orient. et occident.*, qu'on peut soutenir en un
sens véritable, que le mariage est un contrat de
l'homme et de la femme fait suivant les lois,
qui confère la grâce, et par lequel on se livre
une puissance mutuelle sur le corps, *matrimo-*

nium esse contractum viri et fœminœ, legitimum, quo mutua corporum traditur potestas, gratiœ spiritualis collativum. Le contrat conférera la grâce, pourvu qu'il soit fait entre fidèles.

A la vérité, le même Arcudius a aussi prétendu que le mariage contracté par des fils de famille sans le consentement de leurs parens, est valable, parce qu'il y a matière de sacrement, *personœ idoneœ*, forme de sacrement, *verba de prœsenti, seu signa mutui consensus.*

Mais, à cet égard, il faut distinguer : ou les lois civiles n'exigent pas ce consentement pour la validité du mariage, ou, au contraire, elles l'exigent.

Au premier cas, cet auteur a raison ; mais, au second, il a tort, même d'après ses propres principes.

En effet, les personnes ne sont pas idoines, puisque les lois réprouvent une telle union ; point de forme non plus, puisqu'elle ne peut tomber que sur la matière, et qu'ici la matière, qui est le contrat, n'existe pas.

Le concile de Trente l'a lui-même reconnu, puisqu'il prononce anathème contre ceux qui soutiennent que les mariages clandestins sont nuls.

Il est vrai, cependant, qu'il ajoute qu'ils sont valables tant que l'Église ne les a pas défendus, d'où suit qu'il a pensé que l'Église pouvait les défendre, et annuler ceux faits contre sa défense ; qu'en un mot, elle pouvait créer non seulement des empêchemens prohibitifs, mais même des empêchemens dirimans.

Nous avons déjà examiné cette question dans un autre ouvrage, et avons adopté la négative. Nous ne la traiterons que substantiellement dans celui-ci.

Il se présente d'abord une réflexion aussi juste que simple. Si Jésus-Christ a seul institué les sacremens, et si, depuis lui, tout mariage entre fidèles est sacrement, l'Église, qui a toujours reconnu ne pouvoir rien ajouter aux dogmes ni en rien retrancher, ne peut donc pas empêcher que le mariage, une fois existant, ne soit sacrement ; elle ne le pourrait qu'en empêchant le contrat.

La question est donc réduite à savoir si l'Église peut, en effet, un pêcheur que le contrat ne se forme ; le concile de Trente l'a décidée par l'autorité plutôt que par le raisonnement ; mais sa décision ne doit pas nous arrêter, puisqu'il n'a pas été reçu en France.

Il était composé de cent cinquante prélats italiens, et de soixante-dix des autres nations ; il ne fut souscrit que par un certain nombre ; il ne fut pas même libre, car, comme l'observait Vargas, ministre de l'empereur au concile, tout s'y faisait par le légat, homme altier, qui

avait perdu toute honte, qui traitait les évêques
comme esclaves pour les épouvanter. « Il est
» sorti, ajoute-t-il, de cette session (la 14° du
» 26 novembre 1551) avec une réformation hon-
» teuse, qui ne servira qu'à nous rendre la
» fable...... du monde; les hérétiques en seront
» plus hardis à parler et à faire des pasquinades.
» Ils ne pensent (les papes) qu'à se rendre maî-
» tres du concile, et à en tirer de nouveaux
» avantages. » Il se plaint que de grands théologiens, que le concile aurait dû aller chercher au
bout du monde, ne sont appelés que pour dis-
puter, et qu'on ne pense plus à eux, quand il
s'agit de dresser les canons.

Cependant, Vargas n'a jamais été regardé
comme dirigé par l'aigreur; il était zélé, mais
juste.

Son sentiment était partagé par M. Despense,
docteur célèbre par sa piété et son savoir, qui
va même, dans son *Comment. sur l'Épit. de
saint Paul à Tite*, jusqu'à accuser ouvertement
de faiblesse les pères, pour n'avoir pas osé ré-
former la cour de Rome, insinuant qu'on ne
doit plus attendre de bons succès des conciles
généraux, tant que le nombre des évêques italiens, toujours dévoués aux papes, sera assez
grand, pour que leur suffrage l'emporte constamment sur les autres.

Henri II y avait envoyé le fameux Amyot,

avec une lettre adressée aux Pères de *l'assemblée* de Trente, *patribus sanctissimis Triden-
tini* CONVENTUS, et non pas *synodi*, du concile;
il y annonce qu'il ne pouvait y envoyer des
évêques de France, parce qu'il n'y avait pas de
sûreté d'y aller, depuis que le pape lui avait
déclaré la guerre; qu'en conséquence, il ne le
regardera que comme concile particulier, et
nullement obligatoire pour lui, ses prélats ni
son peuple. Nul des évêques de France n'assista,
en effet, à aucune des sessions qui s'y tinrent
sous ce prince.

Son successeur François II adopta son plan à
cet égard, et demanda, le 24 janvier 1560, qu'il
fût reconnu que la réunion des Pères, à cette
époque, constituait un nouveau concile, et ne
faisait point suite au premier.

Charles IX insista pour cela, le 18 janvier 1562,
lors de la nouvelle convocation qui eut lieu.

Trois années après, et le 22 septembre, Du-
ferrier ayant réitéré sans fruit ses instances
sur ce point, les ambassadeurs français se re-
tirèrent.

C'est pour cela que deux célèbres avocats-
généraux, MM. Servin et Talon, l'appellent,
en toute circonstance, le prétendu concile de
Trente, et que même sous Louis XV, le procu-
reur-général ne le nommait que l'assemblée de
Trente.

Inutile de distinguer, à ce sujet, entre le dogme et la discipline, et de dire qu'il a été reçu sous le premier rapport, quoique rejeté sous le second.

Ce qui est vraiment de dogme était cru en France avant lui; on n'avait pas besoin de le recevoir à cet égard; on convenait seulement que sa doctrine était conforme à l'ancienne, et c'est à celle-ci que l'on se référait.

Aussi, M. d'Aubusson-Lafeuillade, archevêque d'Embrun, disait-il : « Cette distinction (entre » le dogme et la discipline) est sans fondement, » parce qu'il n'a pas été reçu plutôt pour la foi » que pour la discipline; s'il l'a été, on doit en » produire la publication.........; car, selon les » règles du droit, un concile ne peut faire loi, » s'il n'a été examiné et publié. »

C'est effectivement un des principes de l'Église gallicane, que les décisions de tout concile, œcuménique ou autre, doivent être approuvées par le prince, et publiées dans son royaume, même pour le dogme; non que cette publication seule oblige à le croire, car la croyance d'une vérité révélée est indépendante de l'autorité temporelle, mais parce que ce qui s'y joint à l'extérieur ne dépend que de cette autorité : par exemple, la punition attachée à l'infraction de la décision.

Et ce n'est pas sans raison que le concile de

Trente a été rejeté ; il contient sur le dogme des erreurs matérielles, car, à la différence des conciles de Bâle et de Constance, il établit l'infaillibilité du pape ; il excommunie, et prive, *ipso facto*, de leurs royaumes, les souverains qui s'emparent des biens d'église, et défendent les mariages que l'Église a permis ; il anathématise ceux qui nient que les ordres sacrés et le vœu solennel de religion soient des empêchemens dirimans, et que l'entrée en religion puisse dissoudre un mariage non consommé, convenant ainsi tacitement qu'elle ne peut pas dissoudre un mariage consommé.

Or 1º saint Augustin traite d'adultères véritables les maris qui quittent leurs femmes pour en épouser d'autres sous prétexte qu'elles avaient fait un vœu simple avant de se marier. *Usque adeò*, dit ce saint docteur, *manent inter viventes* SEMEL *inita jura nuptiarum, ut potiùs sint inter se conjuges qui ab alterutro separati sunt, quàm cum his quibus aliis adhæserunt. Cum aliis quippè adulteri non essent, nisi adulterutrùm conjuges permanerent.*

2º La consommation du mariage par la cohabitation n'est pas nécessaire, le consentement suffit : nous l'avons prouvé au commencement de cet ouvrage, en rappelant un passage de ce même Père, et les décisions des Papes. Une fois le consentement donné dans les formes légales, si la loi en a établi quelques-unes, il y a mariage, et dès lors indissolubilité du lien, puisque, suivant le grand apôtre, il ne peut être rompu que par la mort.

La décision du concile de Trente ne doit donc pas nous arrêter; elle le doit même d'autant moins qu'il est le seul qui en ait rendu une semblable, et que les vrais conciles, reconnus de toute la chrétienté, se sont soigneusement abstenus de cette licence.

En vain objecterait-on que le concile de Troisli a statué sur les mariages contractés après des vœux de religion, le premier concile d'Orléans, en 511, sur la bigamie; le 102ᵉ canon d'un concile de 407, qu'on croit être de Carthage, sur la répudiation d'une femme par son mari, pour en prendre une autre; qu'ailleurs l'Église défend le divorce, et déclare que l'erreur, la violence, la différence de condition, le rapt, l'impuissance, la parenté et l'affinité à certains degrés, l'honnêteté publique, même la disparité de culte, sont des empêchemens dirimans.

Il est facile de répondre que l'Église, en cela, ne crée pas ces empêchemens; qu'elle déclare seulement leur existence.

Et, en effet, le divorce est un empêchement de droit divin, puisque Jésus-Christ même a défendu de séparer ce que Dieu avait joint.

Pareilles raisons pour l'affinité et la parenté;

le droit divin prohibe le mariage dans ces cas.

L'erreur et la violence sont de droit naturel; le rapt, l'impuissance, l'honnêteté publique, la disparité de culte, l'inégalité de condition, du droit civil.

Saint-Léon, parlant de cette dernière espèce, dans sa lettre 92 à Rustique, ne fait que copier la loi civile, en observant qu'il n'y a de véritables mariages qu'entre personnes libres et de condition égale ; même la prohibition des mariages entre cousins-germains ne vient pas de l'Église, car, ainsi que le remarquent Pothier et Vinnius, ils étaient permis du temps de saint Augustin, et ce furent les empereurs qui, les premiers, les prohibèrent : l'Église ne fit que se conformer à leur décision.

Elle s'y est tellement bornée, en toutes circonstances, sur ce qui concerne les empêchemens dirimans, que le 102ᵉ canon précité n'annule pas le nouveau mariage que contracterait un homme après avoir répudié sa première femme, et se contente de lui infliger une punition; il demande même l'intervention de l'autorité temporelle, parce que, sans doute, il s'agit d'une pénitence publique pour réparer un désordre public : *in quâ causâ legem imperialem petendum est promulgari*, ce qui était demander implicitement l'abrogation du divorce, mais aussi ce qui était reconnaître l'existence de la tait loi qui le permet, et le défaut de pouvoir de l'Eglise pour l'abroger.

Il en jest de même du premier concile d'Orléans : *Si cuipiam mulier presbyteri vel diacono relicta*, dit le canon 13, *duplici se conjugio conjunxerit, aut castigati separentur, aut certè si in criminis intentione perstiterint, pari excommunicatione plectantur.*

Ici une peine temporelle est prononcée, il est vrai; mais d'abord, parmi les coupables se trouve un ministre de l'Église, et elle a toujours eu droit de lui infliger de telles peines, quand elles sont purement correctionnelles; ensuite, les conciles, à cette époque, statuaient sur le temporel comme sur le spirituel, parce que c'était moins des assemblées religieuses que politiques, et que plusieurs grands du royaume y entraient pour délibérer. On n'avait pas à s'occuper des dogmes, qui n'étaient contestés nulle part en France.

C'est aussi ce qui explique pourquoi les capitulaires de Charlemagne contiennent, *vice versâ*, tant de dispositions sur le spirituel. Parmi les grands du royaume on comptait beaucoup d'ecclésiastiques, et quoique l'objet principal des délibérations fût le temporel, il n'était pas étonnant qu'il y entrât du spirituel, à une époque surtout où les ecclésiastiques seuls avaient quelques lumières, et où le reste du peuple était plongé dans une profonde ignorance.

C'est encore une loi politique que le canon 5:
du treizième concile de Tolède, qui défend à
toutes personnes, même aux souverains, d'épouser la veuve d'un roi, sous peine d'excommuni-
cation. Jusques-là tout va bien, mais ce qu'il
ajoute est horrible, et ne se rappelle qu'avec
quelque répugnance : il les livre aux flammes
éternelles, *et* SULPHURIS CUM DIABOLO *contrada-
tur* IGNIBUS EXURENDUS. C'était par trop abuser
de la crédulité des fideles. Personne ne peut dis-
poser ainsi des âmes sur la terre; ce jugement
est réservé à Dieu seul dans le ciel; et tandis que
son fils s'est immolé pour nous sauver de ces
tourmens, des hommes dirigés par des vues
simplement politiques, s'avisent de nous y des-
tiner de leur propre autorité!..,

Terminons par le concile de Troisli; il ne veut
pas, il est vrai, que l'on se marie après avoir fait
vœu de religion; et il a raison en cela; mais an-
nule-t-il le mariage quand on se permet de violer ces vœux? Non; il se contente de mettre les
époux en pénitence. Il ne croyait donc pas que
le vœu fût un empêchement dirimant,

Alexandre III, dans la suite, introduisit une
distinction entre le vœu solennel et le vœu simple; il convint que le second n'était qu'un empêchement prohibitif, c'est-à-dire qui expose à
une punition, tout en laissant subsister le lien ;
mais il prétendit que le premier était dirimant : .

cependant saint Bernard, mort six ans auparavant, était incertain sur cette question.

Il était douteux, en effet, qu'on dût embrasser l'affirmative; le contraire paraissait bien plus probable, car comment croire que la différence entre ces deux sortes de vœux fût assez grande pour opérer des résultats si majeurs et si dissemblables? Quoi! tout vœu n'est-il pas par essence une promesse à Dieu; et les cérémonies plus ou moins nombreuses qui l'environnent n'en sont-elles pas l'accessoire; peuvent-elles, conséquemment, en changer la nature?

Si donc le vœu solennel empêche de se marier, et annulle le mariage, il faut que le vœu simple produise le même effet, quoiqu'il puisse différer du vœu solennel sous d'autres rapports moins importans, et qui ne changent pas la nature du vœu en lui-même; et s'il est reconnu que le vœu simple n'expose qu'à une peine celui qui le viole, mais n'anéantit pas un lien que Jésus-Christ même a déclaré indissoluble, comment pourrait-il en être autrement du vœu solennel.

Tout ce qu'on peut dire, c'est que la violation de ce vœu mérite une peine plus forte que s'il s'agissait d'un vœu simple, puisqu'elle renferme un plus grand mépris de la promesse donnée, et une plus grande légéreté de conduite: mais le mariage n'en doit pas moins être maintenu.

D'ailleurs, si l'on était inhabile à contracter mariage par suite nécessaire de ce vœu, n'est-il pas évident que l'empêchement eût subsisté dès que les vœux solennels ont été pratiqués, et qu'il n'eût pas été besoin de l'établir? Il n'est donc tiré ni de la loi naturelle, ni de la loi divine, ni de la nature des choses; au contraire tout cela y répugne fortement.

Mais enfin qui peut le créer?

Le prince, et lui seul, car 1° nous dépendons au moins autant de la république qu'un fils, de son père; une femme, de son mari; un esclave, de son maître, puisque chaque citoyen fait partie de l'État: or la loi divine permet à un père et à un mari d'irriter les vœux, l'un de sa fille, l'autre de sa femme, même confirmés par serment.

Aussi saint Thomas décide-t-il que tout vœu emporte la condition tacite que ceux dont nous dépendons y consentent. La loi politique ne peut défendre ce que la loi divine n'ordonne pas. On doit, suivant saint Paul, obéir aux souverains par un motif de conscience, et saint Augustin observe que quand ils ordonnent quelque chose de juste, Jésus-Christ l'ordonne par eux.

Or, les princes ont souvent défendu d'entrer en religion (1):« si un esclave, dit cette dernière

_____

(1) *V. L.* 17, *C. Theod. de Cohort.* 12, *C. Justin. de*

» constitution, est fait évêque à l'insu de son
» maître, qu'il n'en retire aucun avantage pour
»s'affranchir de la servitude »: *si quis servus,
ignorante domino, episcopus creatus sit, indè ad
servitutis effugium nihil juvetur.*

C'est par suite de cette doctrine que le premier
concile d'Orléans, sous Clovis, exige pour la
cléricature la permission du roi ou l'ordonnance
du juge. Le concile de Gangre prononce anathème contre ceux qui enseigneront qu'un esclave peut, sous prétexte de religion, abandonner le service de son maître : le concile de Calcédoine, quatrième général, prononce la même
défense, et le pape Pélage Ier dit que c'est *ne
per christiani nominis institulum, aut aliena per-
vadi, aut publica videatur disciplina subverti,* etc.

2° Dieu a donné aux princes le droit de sou-
veraineté sur les corps, et sur tout ce qui concerne les biens et les droits civils et temporels
de leurs sujets (1) : or ce vœu solennel de religion est un engagement de son propre corps,
suivant même saint Thomas; et comme un as-
socié ne peut, sans le consentement de l'autre,
rendre religieux un héritage indivis entre eux,

Episc. et Cler., 2, ff. *de Pollicit.*, *nov.* 123, c. 15,
Constit. Leon. 9, 10, et surtout 11.

(1) *I. Reg.*, c. 8, v. 11.

6

que la loi dit même qu'un citoyen ne peut consacrer un seul pouce de terre sans la permisson
du prince, à plus forte raison, ne peut-il pas consacrer son corps, puisque la république y a plus
d'intérêt. Dieu ayant partagé sa puissance sur
l'homme entre l'Église et le prince, l'homme
n'est pas maître de donner à l'une de ces deux
autorités ce qui appartient à l'autre, si celle-ci
n'y consent. Il est faux qu'en devenant religieux
on se donne à Dieu, on s'y était déjà donné par
le baptême, on ne fait actuellement que changer d'emploi et de condition. On ne peut pas
plus le faire que les soldats quitter leur compa-
gnie pour une autre malgré leur général.

3° Ce vœu forme un contrat au moins tacite,
entre le religieux et le public; le premier s'exclud
du service militaire, des judicatures, tutelles,
charges de ville, mariages, successions, commerce, et de tous autres contrats les plus essen-
tiels à la société; le deuxième est libéré, au mo-
ment de sa profession, des sommes dues à ses
créanciers, et a une action civile pour contrain-
dre la communauté à lui fournir les alimens,
vêtemens, et autres choses nécessaires à la vie.
A son tour la communauté à une action civile
pour succéder au pécule du religieux. Or ces
actions civiles réciproques supposent un contrat civil, ne pouvant y avoir d'effet sans cause;
et le contrat civil est purement du ressort du
prince.

Nous pensons donc, sur ce point, comme M. Leridant, et comme le fameux Launoy, dans son traité intitulé *Regia in matrimonium potestas*; mais nous n'avons pas eu besoin, pour cela, de partir d'une base erronnée, et de supposer, contre la vérité démontrée, que la bénédiction sacerdotal et la présence à l'Église constituent le sacrement.

§ V.

Réflexions générales puisées dans la politique et la liberté des cultes, et conséquencse des principes précédens.

Il est certain et sans réplique que le mariage est contrat civil dès qu'il est conforme aux lois civiles, et par suite qu'il est sacrement dès que le contrat civil a été formé entre chrétiens.

Quand donc deux époux se borneraient à se marier devant le maire ou l'adjoint de leur commune, quel tort en éprouverait celui des deux qui voudrait inutilement y joindre les cérémonies religieuses ? Le lien est non seulement valable, mais encore sanctifié par le sacrement; les grâces d'état y sont répandues.

Cependant ce cas mêm est extrémement rare, et l'exemple ne risque pas de devenir contagieux.

Dans nos mœurs, les gens du peuple ne se re-
garderaient point comme mariés, s'ils n'allaient
pas faire bénir leur union à l'Église : aussi tous
s'y soumettent-il d'eux-mêmes.

Supposons maintenant que la loi civile les y
obligeât, comme elle en a le droit, elle les pri-
verait du mérite de faire librement un acte de
piété, et peut-être ceux qui sont les plus exacts
à le remplir regretteraient-ils la loi précédente,
qui leur laissait la faculté de l'omettre. Les regrets
seraient d'autant plus vifs qu'on aurait long-
temps vécu sous des règles différentes, et qu'il
est naturel au cœur humain de ne vouloir faire
que ce à quoi il n'est pas assujetti.

La loi civile pourrait exiger que le mariage
fût fait devant le prêtre, nous venons de le dire,
et la chose est incontestable, puisque cette loi
règle le contrat, déterminant les cas où il est
valide, et que lorsqu'il ne l'est pas, il ne peut y
avoir de sacrement, la grâce qui résulte du sacrement ne pouvant se répandre que sur le lien
déjà formé.

Mais quoique la loi civile puisse l'exiger, il
s'agit de savoir si elle le doit.

Or, d'une part, point d'inconvénient grave à
laisser subsister le mode actuel, puisqu'il est
rare que les époux ne fassent pas d'eux-mêmes
ce qu'on voudrait les obliger à faire, et puisque
même ceux qui le négligent n'en ont pas moins

reçu le sacrement, sa validité ne dépendant
point de la dignité ou de l'indignité de ceux
auxquels il est importé.

D'autre part, les inconvéniens seraient graves
et nombreux, si l'ancien mode était rétabli; il
exposerait inévitablement à l'une de ces deux
alternatives, ou de faire consacrer par la loi
civile toutes les religions comme vraies, ou d'a-
bolir implicitement l'article de la Charte qui
proclame la liberté des cultes.

En effet, il faudrait nécessairement, ou per-
mettre à chacun des ministres de toutes les religions admises en France, de former le contrat
civil des individus de son culte, et d'y ajouter
les cérémonies qu'il regarde comme propres à
le rendre solennel et plus auguste, ou bien obliger les sectaires de toutes les religions à se présenter devant les ministres du culte catholique.

Au premier cas, il est bien évident que la loi
civile reconnaîtrait la vérité théologique des
maximes de chaque culte, puisqu'elle ne se bor-
nerait pas à souffrir que les cérémonies religieuses qu'il pratique fussent employées dans
les mariages de ceux qui le professent, mais
qu'elle leur donnerait de plus un véritable ca-
ractère de légalité, en en autorisant les ministres
à former le contrat précisément comme ministres
et non pas comme simples officiers civils.

Ils les célébreraient précisément comme mi-

nistres, puisque ceux, par exemple, qui marieraient les protestans ne seraient pas les mêmes
qui marieraient les juifs, ni ceux-ci les sociniens,
les anabaptistes, et qu'en un mot chaque sectaire
aurait pour lui un ministre particulier. Il y a
plus : non seulement ils auraient comme ministres la faculté de former le contrat des citoyens
de la même religion qu'eux, mais même ceux-ci
seraient obligés de se présenter pour cela devant
eux, comme les catholiques devant leurs prêtres,
puisque, pour se conformer à la Charte, on ne
pourrait donner à aucune religion la moindre
prééminence sur les autres, tandis que, si les
ministres ne célébraient le mariage que comme
officiers civils, un seul genre de ministres suffirait pour tous les cultes.

Or, en célébrant le mariage comme ministres,
ils ne le considéreraient pas simplement comme
contrat, mais bien dans ses rapports religieux,
puisque, en ne le considérant que comme contrat, il serait uniquement du ressort de l'officier
civil.

Donc la loi civile donnant sa sanction à une
union religieuse, ou, ce qui est la même chose,
à une union qu'elle considérerait dans ses rapports religieux, ratifierait par cela même les
principes religieux qui feraient la base de cette
union, et tomberait dans le grave inconvénient
de s'occuper de ce qui n'est ni ne peut être de
son ressort.

C'est ainsi que les empereurs Zénon, Justinien Ier, Héraclius et Constant III jetèrent le
trouble dans l'Église, en voulant indiscrètement
se mêler de questions qui leur étaient étran-
gères, et publiant à cet effet le premier son Héno-
tique, le deuxième un Édit sur la doctrine de
quelques auteurs ecclésiastiques, tels que Théo-
doret et Ibas; le troisième son Ecthèse, et le
quatrième enfin son Type. Ils avaient sans doute
de bonnes intentions, mais leur zèle ne fut pas
selon la science, et voilà pourquoi ils s'égarè-
rent. Justinien, en particulier, qui pendant toute
sa vie s'était rendu si recommandable par son
extrème piété, finit par donner dans l'erreur, et
l'on remarque avec raison qu'il semblait l'avoir
cherchée par sa curiosité insatiable, dont elle
était la juste punition.

On dirait même qu'un aussi déplorable résultat est toujours celui de cette curiosité, et
dans les temps modernes nous en avons un
nouvel exemple dans l'assemblée constituante,
véritable foyer de toutes les lumières de l'Eu-
rope : pénétrée, dans l'origine, de l'intention
bien louable de remédier aux nombreux abus
qui existaient sous l'ancien régime, elle voulut
aussi, par suite de cet esprit d'innovation qui
s'était emparé de la plupart de ses membres,
porter ses réformes jusque dans les matières qui
ne pouvaient la concerner; dès cet instant elle

ne fit que des chutes, qui, contre son gré, pré-
parèrent la destruction du trône et de l'autel!
Elle avait donné aux Français une constitution
politique qui ne laissait guère à leur roi que le
nom; elle leur donna la constitution civile du
clergé, où elle prétendit régler la discipline de
l'Église, et imposa aux prêtres une obligation
que la plupart regardèrent comme contraire à
leur conscience, et à laquelle ils refusèrent par
suite de souscrire, ce qui les exposa à des persécutions qui les firent honorer comme martyrs.

Un autre inconvénient bien grave aussi, c'est
l'énorme multiplicité de registres qu'il faudrait,
et de ministres pour les tenir, ce qui introduirait
dans la machine politique une confusion qui en
empêcherait la marche, et ce qui rend ce mode
impraticable. Enfin, le dernier de tous, et celui
qui heurterait de front le but qu'on se propose,
c'est que la religion catholique recevrait le plus
grand préjudice de ce nouvel ordre de choses,
en ce que les individus que leur curé refuserait
d'admettre aux sacremens ou aux cérémonies
religieuses quelconques, soit par de justes raisons, soit par caprice, comme on en a vu des
exemples pour les baptêmes et pour la bénédiction du mariage, iraient s'adresser aux ministres protestans, dont le culte est dégagé de
beaucoup de ces cérémonies, ce qui les rend et
doit nécessairement les rendre moins exigeans.

Au deuxième cas, celui où l'on rétablirait l'ancien mode, la liberté des cultes serait abolie, puisque n'y ayant de mariage que celui qui serait célébré devant un prêtre, les protestans seraient forcés ou de se rendre à l'église, et de feindre l'abjuration de leur croyance, ou de contracter une union à laquelle la loi civile refuserait sa sanction, et qui, par conséquent, n'aurait pour les deux époux d'autre résultat que de leur faire donner le jour à des bâtards flétris de cette humiliante qualification, et exposés à ne retirer du patrimoine de leurs père et mère qu'une bien faible portion.

Hélas! on ne l'a vu que trop souvent depuis l'ordonnance de 1629, qui déclara nuls les mariages non célébrés par l'église, et qui subsista jusqu'à la constitution de 1791, avec l'ordonnance de 1697, qui, plus sévère encore, enjoignit de séparer les personnes dont l'union ne serait pas constatée auprès des évêques, par un acte d'impartition de la bénédiction nuptiale.

Ces ordonnances, il est vrai, ne parlaient pas nommément des protestans et autres citoyens du culte non catholique, mais elles ne les exceptaient pas non plus de leur rigueur, et la jurisprudence les y fit comprendre, dans le principe.

A cet égard, elle avait pénétré le véritable esprit de la loi, qui était de proscrire tout culte non catholique, ce qui fut la cause de la révoca-

tion du fameux édit de Nantes, et des persécutions qu'essuyèrent en particulier les protestans.

Qui ne se rappelle, à ce sujet, les nombreux
arrêts par lesquels tous mariages non célébrés à
l'église ont été déclarés nuls, quoique les parties
ne fussent pas catholiques, et que par conséquent il y eût presque impossibilité morale,
pour elles, de représenter un certificat du curé?
Le parlement de Bordeaux l'avait ainsi jugé, le
18 août 1749, dans la cause de Louis Guillon,
catholique; le parlement de Paris renouvela cet
exemple en faveur du vicomte de Bombelles,
le 6 août 1772, contre sa femme, Marthe Camp,
protestante.

Et cependant, combien l'espèce était favo-
rable aux parties qui succombèrent! Louis
Guillon avait passé contrat, lui et sa future
avaient cohabité ensemble pendant soixante
ans, et avaient constamment été regardés comme
époux. Le vicomte de Bombelles, pour tromper
la demoiselle Camp, fille d'un riche négociant
de Montauban, avait feint d'être protestant, et
avait célébré son mariage avec elle à la manière des protestans, puis il l'avait partout an-
noncée comme sa femme : les premières autorités de la ville, l'évêque, le président de la
cour des aides, l'attestaient; un enfant déjà
grand était né de leur union. Malgré cela, le
mariage fut annulé.

On commençait pourtant alors à essayer de
sortir de cette barbarie; deux ans avant ce dernier arrêt, il avait paru une consultation du
célèbre Portalis pour la validité de ces mariages,
et c'est lui qui eut la gloire de développer, d'une
manière sensible pour tout le monde, des idées
et des maximes puisées dans la saine raison et
dans l'humanité; il ne tarda pas à en recueillir
le fruit, et malgré l'arrêt de Guillon et celui de
Bombelles, il en fut rendu un à Bordeaux, le
26 juin 1775, en faveur de la veuve Gravier, et
un autre à Paris, le 29 mai de l'année suivante,
en faveur de la veuve Foucaud : peu à peu ils
finirent par former la nouvelle jurisprudence.

Mais elle déclarait moins que les mariages des
protestans et ceux des catholiques, quoique non
faits à l'Eglise étaient valables, qu'elle ne jetait
un voile officieux sur cette validité; elle se bornait à déclarer non-recevables les collatéraux
qui attaquaient ces mariages; elle n'aurait effectivement pas pu, sans se mettre en révolte formelle avec la volonté du législateur, juger valides
des mariages dont il prononçait la nullité; mais
aussi, comme il était excessivement rigoureux
de les annuler, surtout quand ils avaient eu lieu
entre non catholiques, parce que c'était gêner
les consciences, on avait pris un terme moyen,
qui était de regarder les collatéraux comme non
recevables à attaquer ces mariages; et comme,

pour pouvoir être annulés, il fallait que la nullité en fût demandée par des personnes qui eussent qualité à cet effet, il s'ensuit qu'en écartant les collatéraux, comme sans qualité, on se dispensait de statuer sur la validité ou l'invalidité de ces mariages, ce qui avait le même résultat que si on les eût déclarés valables.

Le ministère public aurait pu attaquer, sans doute; mais, d'après la nouvelle direction que la jurisprudence avait prise, il n'était pas à craindre qu'il le fît, et dès-lors les mariages des protestans se trouvaient, par le fait, irrévocablement maintenus.

Quand la constitution de 1791 fut proclamée, les esprits étaient donc disposés à l'accueillir favorablement sur ce point : elle avait réduit le mariage à la simple qualité de contrat civil, mais en même temps elle déclarait garantir à tout français la liberté d'exercer le culte religieux auquel il était attaché.

Ces deux choses, le mariage dépouillé de tout ce qui est relatif à la religion, et envisagé uniquement comme contrat civil, et la liberté des cultes, semblent en effet inséparables, et être la conséquence l'une de l'autre; M. Portalis le pensait de même, car, dans son rapport sur le titre du code civil relatif au mariage, il dit ces paroles remarquables :

« Sous l'ancien régime, les institutions civiles

.ot les institutions religieuses étaient intimé-
ment unies. Les magistrats instruits reconnais-
saient qu'elles pouvaient être séparées : ils avaient
demandé que l'état civil des hommes fût indépendant du culte qu'ils professaient. Ce change-
ment rencontrait de grands obstacles.

« Depuis, la liberté des cultes a été proclamée.
Il a été possible alors de séculariser la législation. (Sur ce point, veut-il dire ; il ne croyait donc
pas que cette possibilité existât auparavant.) On
. a organisé cette grande idée qu'il faut souffrir
: tout ce que la providence souffre, et que la loi,
. qui ne peut forcer les opinions religieuses des
citoyens, ne doit voir que des Français, comme
la nature ne voit que des hommes. »

Ce serait donc implicitement forcer les opinions religieuses, que de vouloir que le mariage
fût célébré exclusivement par les ministres d'un
culte quelconque.

Aussi la loi du 20 septembre 1792, conçue
dans les mêmes idées que la constitution de
1791, détermina-t-elle, pour l'avenir, le mode
de célébration du mariage, et voulut-elle que
les dépositaires exclusifs des registres de l'état
civil fussent les maires des communes, ou ceux
qui les représenteraient.

Le Code civil s'y est conformé, seulement il
n'a établi qu'un registre tenu double, comme
. l'avait réglé la déclaration de 1736 : la loi pré-

citée de 1792 en avait établi six ; et Thibaudeau, rapporteur du titre du Code sur les actes de l'état civil, n'hésite pas à regarder cette multiplicité de registres comme la cause de l'état déplorable où ils sont dans un grand nombre de communes.

Avant cette loi, et tant que nous étions régis par la déclaration de 1736, cette multiplicité de registres n'existait pas; et, néanmoins, il est de fait que beaucoup de registres étaient fort mal tenus par les curés; que des feuilles en ont été arrachées quelquefois, même de leur aveu : de là une infinité de procès, dont les annales judiciaires sont remplies.

Si, aujourd'hui, les curés étaient investis des mêmes fonctions qu'autrefois, quant aux actes de l'état civil, il en résulterait évidemment des inconvéniens semblables. Les curés n'ont pas le temps, comme un secrétaire de mairie, qui n'est occupé, en majeure partie, que de tels actes, de les tenir en bon état. Il y a d'ailleurs en tout une manière qui dépend essentiellement de l'habitude, et c'est pour cela que quoique, dans l'origine, les officiers civils tinssent assez mal les registres que la loi venait de leur confier, ils parvinrent bientôt à mieux faire, et qu'aujourd'hui ils n'y trouvent plus d'embarras.

Cette régularité, dans la tenue des registres, est aussi une considération ; et ce n'est même pas un petit avantage, pour les officiers civils, de pouvoir affirmer qu'ils ont constamment tenu ces registres en meilleur état que n'avaient jamais fait les curés.

Si, au contraire, on établissait autant d'officiers de l'état civil qu'il y a de ministres de chaque religion, on retomberait dans l'inconvénient de la multiplicité des registres, et il serait même infiniment plus considérable que sous la loi de 1792, qui, à la vérité, avait voulu qu'il y eût six registres, au lieu d'un tenu double, mais qui, du moins, n'en avait confié la garde qu'à un seul ministre pour tous les cultes.

Il sera toujours bon et louable, sans doute, qu'un catholique ne se contente pas d'une pure cérémonie civile, et qu'il accompagne son mariage des cérémonies religieuses ; mais puisqu'en ne s'y assujétissant pas son mariage n'en est pas moins revêtu du sacrement, que d'ailleurs on ne peut, si leur accomplissement n'a pas dépendu de lui, lui faire aucun reproche de les avoir négligées, et qu'il n'est pas même coupable de péché véniel ; tandis que le rétablissement de l'ancien mode, inutile aux catholiques, puisqu'il ne leur conférerait aucun avantage de plus que le nouveau, serait nuisible aux non-catholiques, et les irritant d'autant plus qu'il annoncerait l'intention de les priver d'exercer librement leur culte, les porterait peut-

être à des séditions que l'État aurait peine à cal-
mer, on doit, en dernière analyse, déclarer
que les maires et adjoints sont irrévocablement
maintenus dans leurs fonctions d'officiers de
l'état civil.

On le doit même d'autant plus qu'il y a moins
de danger à ne pas accorder à quelqu'un ce
qu'il demande, qu'à l'en priver après qu'il en a
joui ; que si la rigueur des ordonnances qui
voulaient que le mariage fût fait à l'église et par
le curé, eut pour résultat d'empêcher les non-
catholiques de se marier; et si ce ne fut qu'à la
longue que les Cours souveraines s'accordèrent
à l'adoucir, sous prétexte que ces ordonnances
avaient eu en vue les catholiques, qui étaient
sans excuse lorsqu'ils ne s'y conformaient pas,
et non les protestans, que leur religion forçait à
s'en écarter, ce prétexte ne pourrait plus exister
aujourd'hui, puisque l'on ne pourrait plus se dis-
simuler les conséquences d'un semblable régle-
ment, et il serait manifeste que, par cela seul
qu'on l'a rétabli, quoiqu'on sût la gêne qu'il devait causer aux citoyens d'un culte qui ne leur
permet pas de se présenter devant un prêtre, on
a voulu les soumettre à cette gêne.

Or, on n'a pas oublié que c'est à elle que furent
dus les troubles qui ravagèrent la France par la
guerre civile sous Henri II, François II, Charles IX
et Henri III. Le premier de ces princes, par un

zèle aussi barbare qu'impolitique, avait persé-
cuté et fait condamner au feu un grand nombre
de religionnaires de ses états; il ignorait, sans
doute, que le sang versé pour la proscription
d'une doctrine est la semence qui la fait le plus
rapidement fructifier, et que si l'on doit sévir
contre les hérésiarques, parce qu'en introdui-
sant une nouvelle secte dans l'État, ils l'exposent
à perdre sa tranquillité, on ne doit avoir que de
la compassion pour les hérétiques, parce que
dirigés par leur conscience, et une fois que la
secte est établie, ils la regardent comme ayant
adopté le culte le plus agréable à Dieu. Tant
qu'ils le professent en paix, et sans insulter les
autres cultes, ils ne sont responsables qu'envers
le Créateur de tous les hommes, et ils ne virent
que des tyrans dans des monarques qui voulaient les forcer à croire une doctrine qu'ils ab-
horraient : ils se révoltèrent, ce résultat était
inévitable; pour leur ôter des forces qui mena-
çaient d'anéantir l'État, on eut recours à un crime
effroyable, qui eut son principe dans la ruse, et
la Saint-Barthelemy, dont la cause fut plutôt la
politique que la religion, souillant les pages de
notre histoire, annonça aux siècles à venir que
des milliers de protestans avaient disparu du sol
français, et provoqua la vengeance de ceux qui
survécurent, par un massacre dû à la plus atroce
perfidie.

7

Ils ne furent apaisés que par la publication
de l'édit de Nantes, ouvrage de ce grand Henri,
qui régna avec tant de gloire, et que Louis XIV
ne révoqua que lorsque la vieillesse affaiblissant
l'énergie de son ame, et la livrant en proie au
fanatisme jésuitique, l'eût rendu l'esclave de l'in-
tolérant Letellier.

On nous ramènerait à ces temps déplorables,
si l'on réussissait à rendre aux prêtres les registres de l'état civil; et ce qu'il y a de bien
étrange, c'est qu'en formant ce projet, on n'en
reconnaît pas moins l'utilité des registres du
maire, et qu'on veut qu'après la cérémonie religieuse, les parties se rendent auprès de ce fonctionnaire, pour qu'il y consigne leur mariage.
Mais, dans ce système, à quoi bon son intervention, puisque le mariage existe comme contrat
et comme sacrement? Veut-on dire que le sacrement doit précéder le contrat? Ce n'est que dans
ce sens qu'on pourrait concevoir l'intervention
du maire; mais ce sentiment serait contraire à
tous les principes, qui supposent la préexistence
du contrat quand il y a lieu à l'impartition du
sacrement, de même que la forme présuppose la
matière. Ce serait donc sans objet qu'on se pré-
senterait devant le prêtre pour faire bénir le
mariage, puisqu'il n'y aurait pas encore de mariage.

Ainsi, sous quelque rapport que la ques-

tion soit envisagée, il faut décider que le mariage doit être fait par l'officier civil avant d'être
béni par le prêtre, et que les registres de l'état
civil ne doivent pas être rendus à celui-ci.

FIN.